青春文庫

古事記 22の謎の収集

瀧音能之

青春出版社

はじめに

『古事記《こじき》』は、とても人気の高い古典である。その理由は、単に現存する最古の歴史書というだけではないであろう。同時代にまとめられた『日本書紀《にほんしょき》』とくらべてもその差は歴然である。

それでは、なぜ『古事記』はそんなに人気があるのであろうか。その答えは難しいが、ひとつには、物語性が強いということがあげられよう。たとえば、『古事記』と『日本書紀』の神話の部分を比較してみると、イナバの素兎《しろうさぎ》は『古事記』にだけみられる神話である。少し残酷だけれども面白いこの神話は『日本書紀』にはみられないのである。

また、ヤチホコ神（オオクニヌシ神）が高志《こし》（北陸）のヌナカワヒメのもとへ通うロマンスも『古事記』のみの神話であって、『日本書紀』にはない神話である。

さらに、古代最大のヒーローといってもよいヤマトタケルの描写にも『古事記』と『日本書紀』には違いがみられる。景行《けいこう》天皇の皇子として生まれ、西へ東へと国土平定にあけくれたヤマトタケルであるが、『古事記』では、思わず弱音を吐く場面もみられる。それに対して、『日本書紀』では、ヤマトタケルは決して泣き言などはいわずに天皇のために勇んで平定に向かうのである。みなさんはどちらのヤマトタケルに共感をおぼえるであろうか。わたしなどは、『古事記』のヤマトタケルの方に、思わずあいづちをうってしまうのであるが……。

こうしてみると、『古事記』の魅力が少しみえてくるのではなかろうか。そこには、物語としての面白さがあり、ロマンスもあって、さらに、古代人の人間味もあふれている。『古事記』が、歴史ファンだけでなく文学の愛好者をはじめとして幅広い読者層を得ていることに納得がいくのではないだろうか。

おりしも今年、二〇一二年は『古事記』編纂一三〇〇年ということで、『古事記』ブームがわき上がっているようである。この機会に、『古事記』の謎を探りその面白さに少しでもふれていただければと思う。本書は、そんな願いをこめて書いたつもりである。『古事記』をより身近なものに感じていただければ幸いである。そして、本書を片手に『古事記』にゆかりの地を旅していただければと思う。

二〇一二年盛夏

瀧音能之

古事記　22の謎の収集■目次

写真提供■出雲大社
島根県観光連盟
鳥取県
毎日新聞社
共同通信社

作図・DTP■フジマックオフィス

1 『古事記』が編纂された目的はどこにあったのか

■天武天皇と稗田阿礼

日本で一番はじめにまとめられた現存する古典は『古事記』である。それは和銅《わどう》五年(七一二)のことであるから、今から一三〇〇年も前のことになる。そう、二〇一二年は、『古事記』が完成してちょうど一三〇〇年目にあたるのである。

しかし、作成が命じられたのは、ずっと以前にさかのぼる。『古事記』の序をみると、それは、天武《てんむ》天皇の時代のこととされる。天武天皇は、兄である天智《てんじ》天皇が亡くなったあと、天智天皇の皇子である大友《おおとも》皇子との間に古代史で最大の内乱とされる壬《じん》申《しん》の乱(六七二年)をひきおこし、大友皇子を退けて皇位についた天皇である。いわば実力で天皇位をつかみとったわけである。それゆえに「正統」を重要視する面が強い。そうした正統性を保証するためにおこなう端的な例が歴史書の作成である。

とかく、動乱のあとには歴史書が作られることが多いが、天武天皇の場合にもこのことがあてはまる。歴史書の中において自分は正しいということを主張するためである。『古事記』は、推古天皇までの時代を叙述《じょじゅつ》した歴史書であるから、当然のことながらそのあとの大友皇子の即位の有無については記していない。しかし、持統天皇までを叙述した『日本書紀』をみても、大友皇子の即位のことは記されておらず、皇位は天智から天武へと移っている。

天武天皇

実際のところ、大友皇子が即位したか否かについては、天智天皇の没後、まなしに壬申の乱が起きていることなどからみても判断が難しい問題である。しかし、平安時代にまとめられた歴史書である『扶桑略記《ふそうりゃっき》』などでは、大友皇子の即位を認めている。また、のちになるが、明治政府も大友皇子の即位を承認して、一八七〇年に「弘文《こうぶん》天皇」を追号している。

大友皇子の即位をめぐっては、このように問題があるものの、天武天皇が壬申の乱を勝ちぬいて、実力で天皇位についたことは、まちがいのないことである。その天武天皇が、『古事記』を作ろうとした理由について、『古事記』の序文ではこういっている。すなわち、天皇が聞くところによると、天皇の歴代を記した帝紀《ていき》や豪族たちの歴史を描いた旧辞《きゅうじ》に誤りがあるというのである。そして、今そうした誤りを正さないと大変なことになってしまうとして、帝紀・旧辞を正しいものにして、後世に伝えようと思う、としている。

こうした理由で、正しい帝紀・旧辞を作成した天武天皇であるが、これを文字化しなかった。『古事記』の序は、

時に舎人《とねり》あり。姓は稗田《ひえだ》、名は阿礼《あれ》、年はこれ廿八歳。人と為《な》り聡明にして、目に度《わた》れば口に誦《よ》み、耳に拂《ふ》るれば心に勒《しる》しき

と記している。つまり、稗田阿礼という二八歳の舎人がいたという。舎人というのは

天皇などの側にいて護衛や身の回りの世話にあたった下級の官職である。

稗田阿礼は、とても聡明であり、記憶の達人であったとも記されている。そこで、天武天皇は、稗田阿礼に命じて、帝紀・旧辞を「誦《よ》み習」わしたのである。この稗田阿礼については、生没年をはじめとしてわからないことが多く、一説によると女性であったともいわれる。それは、稗田氏が猿女《さるめ》氏の一族であることからきている。猿女氏は、アメノウズメを祖とする氏族である。アメノウズメはアマテラスが天《あま》の岩屋戸《いわやと》に隠れたさいに踊り狂い、それをみた神々が笑い、岩屋戸のアマテラスを何事が起きたのかと思わず身を乗り出させたという天の岩屋神話にでてくる女神である。そうした、呪術的な女神を祖とする一族の流れをひく阿礼が、まれにみる記憶力をもっていたということとあいまって、阿礼自身もアメノウズメのような呪術的能力をもった女性ではなかったかというのである。

しかし、詳しいところはまったく不明であり、舎人という職が男性の職であることを考えるならば、やはり、稗田阿礼は男性とみる方が一般的であろう。

いずれにしても、『古事記』の序によると、稗田阿礼が、帝紀・旧辞を誦習《しょうしゅう》していたのであるが、阿礼が年をとってきたからであろうか、七一一年九月十八日に時の天皇であった元明《げんめい》が太安万侶《おおのやすまろ》に命じて阿礼の誦習している帝紀・旧辞を筆録化させた。それが七一二年に『古事記』となって完成したのである。

■太安万侶と元明天皇

したがって、『古事記』を書物として完成させたのは、太安万侶ということになる。『古事記』の序は、太安万侶によって書かれたものであり、『古事記』ができるまでのいきさつがのべられており、最後に、

並せて三巻を録《しる》して、謹みて献上《たてまつ》る。

とある。さらに成立の年月日について、

和銅五年正月廿八日　正五位上勲五等太《しょうごいかみくんごとうおおの》朝臣安万侶《あそんやすまろ》

と記されている。このことから、『古事記』は、上巻・中巻・下巻の三巻からなり、

和銅五年、すなわち、七一二年に成立したものとみなされているわけである。平城京に都が移されてから二年目のことである。

しかし、一方では、この序は太安万侶によって書かれたものではなく、のちに加えられたものであるとする説や、『古事記』自体が和銅五年の成立ではないとする考えも根強くみられる。こうした『古事記』を偽書とする考えは、一般的にいって文学者たちにみられるように思われる。それに対して、歴史学者たちは『古事記』を本物とするのが大方のようである。

太安万侶墓誌

太安万侶は、『古事記』の筆録者として名高いが、実のところあまり詳しいことがわからない人物である。『日本書紀』の編纂にもタッチしたとされるが、いわば謎の人物であり、こうしたことも『古事記』偽書説の要素になっていた。

ところが、一九七九年に、奈良市で太安万侶の墓誌がみつかったのである。木炭槨《かく》におさめられた木櫃《ひつ》の下から銅製の墓誌が発見された。これによって、太安万侶が実在した人物であることが明らかになった。また、太安万侶が、平城京の左京の四条四坊に住んでおり、養老七年、すなわち七二三年に従四位下勲五等で亡くなったことが確認できたのである。こうしたことからも、『古事記』は、七一二年に太安万侶によって筆録化され、時の天皇である元明女帝に献上されたものとみてさしつかえなかろう。

『古事記』が完成した七一二年は、平城京に都が移されてから、わずかに二年後のことである。天皇は草壁《くさかべ》皇子の妃であった元明であり、政権を担当していたのは、藤原《ふじわらの》不比等《ふひと》であった。

すなわち、七世紀後半から八世紀前半にかけての天皇位は、左のように推移し、

天武天皇

⇩

持統天皇（天武の皇后）
⇩
文武天皇（天武・持統の孫、草壁皇子の子）
⇩
元明天皇（草壁皇子の妃、天智の子）
⇩
元正天皇（天武・持統の孫、草壁皇子の子）
⇩
聖武天皇（文武の子）

天武天皇の系統が色濃くみられる。八世紀の時代の流れをみても、七〇一年の大宝《たいほう》律令《りつりょう》の制定に始まり、七〇八年には本朝《ほんちょう》十二銭《じゅうにせん》のはじめである和同開珎《わどうかいちん》が鋳造された。これは武蔵国の秩父から献上された自然銅によるものであり、この献上によって年号も和銅となった。

七一〇年には平城京遷都がなされ、七一三年には諸国に対して『風土記《ふどき》』作成の命

■天皇家略図

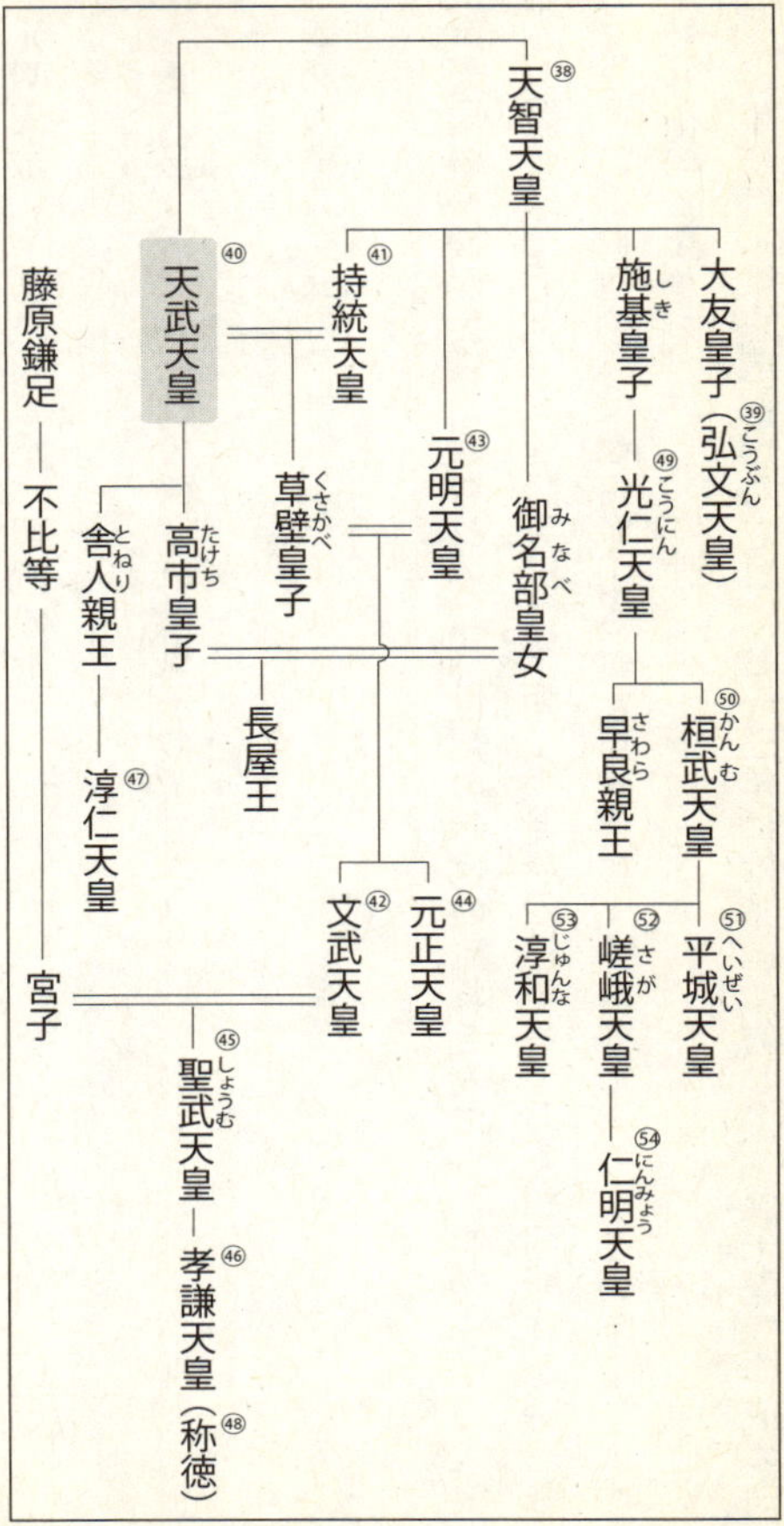

が発せられ、七一八年には養老律令《ようろうりつりょう》の制定、七二〇年には『日本書紀』が完成している。

こうした時代の流れの中で、七一二年に『古事記』が編纂されたのである。

2　『古事記』と『日本書紀』『風土記』の関係とは？

■同時代に成立した三つの本

『古事記』は七一二年に成立したわけであるが、その八年後の七二〇年には『日本書紀』が成立している。『古事記』も『日本書紀』も歴史書であり、同じような性格のものが、長い年月をかけて、国家の事業としておこなわれたのはどういうことかという疑問がわいてくる。

しかし、その前に、もうひとつ『古事記』『日本書紀』とほぼ同じ時代に編纂されたものがあるのである。それは『風土記』であり、七一三年に国ごとに編纂するよう命令が出されている。『風土記』とは、その書名からも推測できるように、風土を記したもの、つまり、地誌という性格をもっている。ちなみに、七一三年に政府が国々に求めた点は、

①地名に良い字をつけること。
②その地域の産物を記すこと。
③土地の状態を記すこと。
④地名の由来をのべること。
⑤古老の伝承を書きとめること。

の五点であった。したがって、それぞれの国は、これらの五点をもり込んだ『風土記』をまとめ上げ、政府に提出したと思われる。当時の国は、およそ六〇ほどあったから、全部で約六〇の『風土記』が出されたものと思われる。

しかし、現在、それらの国々の『風土記』の多くは失われてしまい、まとまった形で残っているものは、常陸《ひたち》・出雲《いずも》・播磨《はりま》・肥前《ひぜん》・豊後《ぶんご》の五つしかない。これらを総称して五風土記といっている。その中でも、特に『出雲国風土記』は、内容的にほぼ完全本の形で残っている唯一のものとして注目される。

その『出雲国風土記』の最後のページをみると奥書きがちゃんと残っており、そこ

■現存する五つの風土記

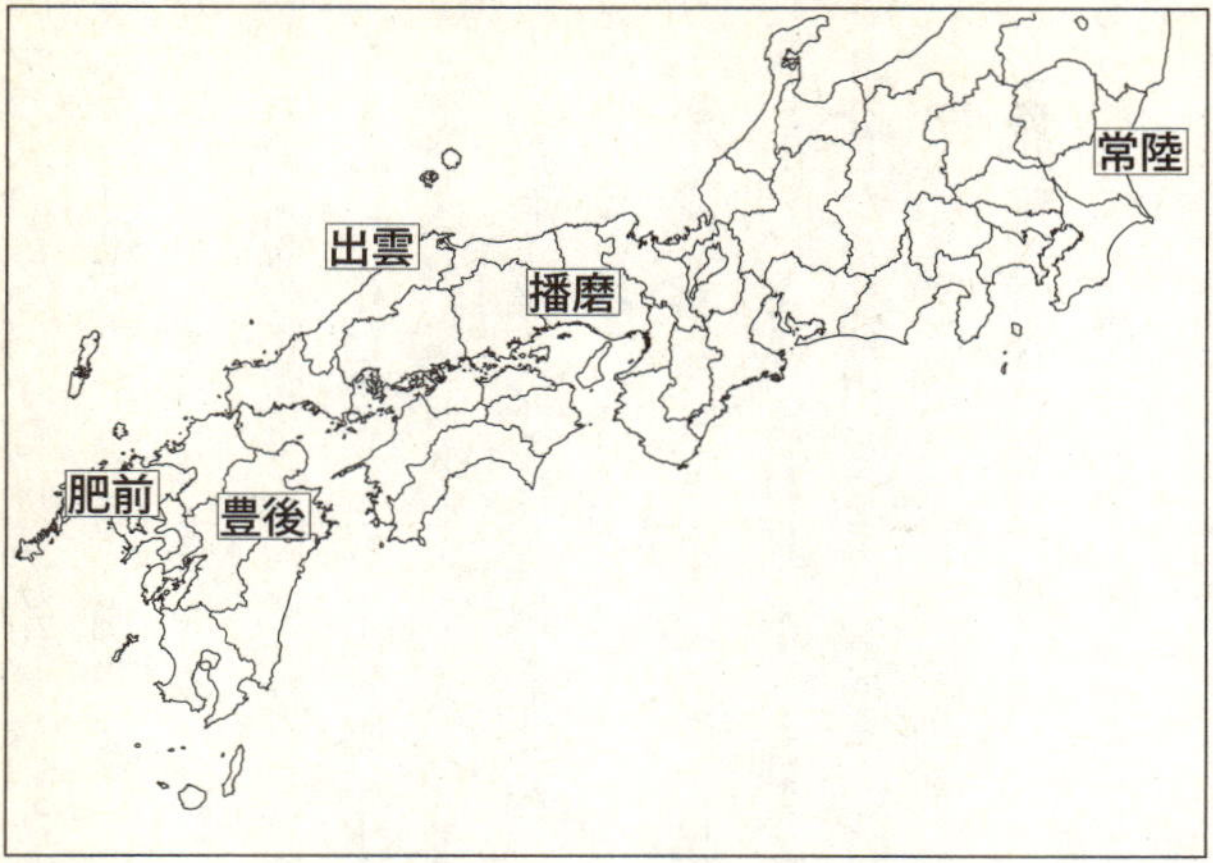

には、

天平五年二月卅日　勘造

と記されている。つまり、天平五年（七三三）に完成したということである。『風土記』作成の命令が出されてからちょうど二〇年後ということになる。この二〇年を、早いとみるか、ふつうとみるか、遅いとみるかは各人の考えということになるが、とにかく、『出雲国風土記』は七三三年に成立したとしかいいようがないのである。

それからもうひとつ、「二月卅日」も興味深い。というのは、二月には一般的にいって三〇日という日付は存在しないからである。かつて、この点も含めて『出雲国風土記』は偽書であるという説が出されたことがあり話題となった。しかし、正倉《しょうそう》院《いん》の中から、やはり、二月三〇日の日付をもつ文書がみつかったりして、『出雲国風土記』の偽書説は否定されることになった。

現在、七三三年に成立した『出雲国風土記』とほぼ同じころにできたのが、『肥前国風土記』と『豊後国風土記』であるとされている。それに対して、『常陸国風土記』と『播磨国風土記』は、『風土記』作成の命が出された七一三年から数年のうちに完成したといわれている。

つまり、『風土記』は、『古事記』や『日本書紀』とほぼ同時代にまとめられたといってよいわけである。これは、単なる偶然であろうか。この点については、まだ、はっきりとした答えは出されていないといってよいであろう。

■『風土記』が編纂されたワケは?

あらためて、『風土記』と『古事記』『日本書紀』の関係をみてみると、

〔七一二年〕　『古事記』の完成
〔七一三年〕　『風土記』作成の命
　　……　　『常陸国風土記』の完成？
　　　　　　『播磨国風土記』の完成？
〔七二〇年〕　『日本書紀』の完成
〔七三三年〕　『出雲国風土記』の完成
　　　　　　『肥前国風土記』の完成？
　　　　　　『豊後国風土記』の完成？

ということになる。このようにしてみると、『古事記』『日本書紀』の完成に、諸国の『風土記』がからみあうように成立しているととらえることもできる。そのようにみるならば、『古事記』や『日本書紀』と『風土記』とは、当然のことながら無関係とは思えなくなってくる。

つまり、『風土記』作成の命、そして、その完成は、『古事記』『日本書紀』と連動していると考えられるのである。一方は地誌であり、他方は歴史書である両者を結びつけるカギはあるのであろうか。こう考えるとき、そのヒントは中国の正史にあるように思われる。いうまでもなく、『古事記』『日本書紀』は中国の正史を意識している。その中国の正史をみると、皇帝の歴史や家臣たちの歴史と共に、地理部門が配置されていることがわかる。

たとえば、『漢書《かんじょ》』を例にしてみると、地理志がちゃんとあるのである。『漢書』地理志は、当時、倭と称していた日本が初めて記録に姿をみせることでもしられる。その場面はというと、

夫《そ》れ楽浪《らくろう》海中に倭人《わじん》あり。分《わ》かれて百余国《ひゃくよこく》と為る。歳事を以《もっ》て来たり献見《けんけん》すと云《い》ふ。

と記されている。

中国が朝鮮半島につくった植民地である楽浪郡の東の海の中に、倭人がいるというのである。その倭人は、百あまりの小国（クニ）に分かれているとあり、彼らは定期的に朝貢してくるというのである。

こうした地理部門が中国の歴史書には含まれている。しかし、『古事記』『日本書紀』にはそれに相当する部分がないのである。このように書くともうおわかりかと思うが、『風土記』は、『古事記』や『日本書紀』の地理部門の役割を与えられていたのではなかろうか。さらにいえば、『日本書紀』が日本の正史である六国史の初めのものであることを考えるならば、『風土記』は『日本書紀』の〝地理志〟の役割を担っているといってよいように思われる。つまり、『風土記』の作成と『古事記』『日本書紀』の完成との間には、はっきりとした意図があるのである。

■『古事記』と『日本書紀』の違い

それでは、同じ歴史書とされる『古事記』と『日本書紀』とは、どのようなものなのだろうか。もし、両方とも差がないのであれば、ほぼ同じ時期にふたつも歴史書を作る必要はないのではなかろうか。こうした疑問が当然わいてくるであろう。

『古事記』は上・中・下巻という三巻から構成されており、上巻すべてが神代《かみよ》にあてられ、中巻から神武を初代とする天皇の叙述が始まり、下巻の最後は、初の女帝である推古《すいこ》の記事となっている。

これに対して、『日本書紀』は、全部で三〇巻からなっていて、そのうち巻一と巻二の二巻が神代にあてられている。そして、巻三から神武のことがのべられており、巻三〇は持統で終わっている。くしくも『古事記』と同じく女帝で記述がしめくくられている。

構成から『古事記』と『日本書紀』とをくらべると、神代の叙述、つまり神話の部分に大きな差がみられる。『古事記』は全体の三分の一が神話であるのに対し、『日本書紀』は全体の一五分の一が神話ということになる。事実、『古事記』には、イナバの素兎《しろうさぎ》や越のヌナカワヒメの神話などのように、『日本書紀』にはみえないものが含まれている。

体裁からいうと、『古事記』は紀伝体《きでんたい》なのに対して、『日本書紀』は編年体《へんねんたい》をとっている。紀伝体も編年体も中国から入ってきたものであり、紀伝体は王の系譜（本紀）と家臣の歴史（列伝）を中心に叙述する方法で人物本位といってよい。一方、編年体は古いできごとから順に記述していくのが原則である。

『日本書紀』は最初の正史として位置づけられ、このあと日本では、『続日本紀《しょくにほんぎ》』『日本後紀《にほんこうき》』『続日本後紀《しょくにほんこうき》』『日本文徳天皇実録《にほんもんとくてんのうじつろく》』『日本三代実録《にほんさんだいじつろく》』といった五つの正史が編纂される。つまり、全部で六つの正史がまとめられるわけで、六国史《りっこくし》と総称されるが、すべて編年体でまとめられている。

書名からみても、『古事記』は古事《ふるごと》を記したものという、本来は一般名詞なのに対して『日本書紀』の場合は、「日本」という外国を意識した言葉が入っている。

このことから、『古事記』は、国内的で天皇家の歴史を描いたものなのに対して『日本書紀』は国外を意識して国家の成立をのべたものであるともいわれている。

最後に、こうしたことからもわかるように、『古事記』と『日本書紀』とひと口でいっても、両書には相違も多い。そのため、従来は両書を「記紀」とひとくくりにすることがしばしばであったが、このようないい方は正しくないという批判も多い。

本書では、地方でまとめられた『風土記』に対して、中央政府によって編纂された『古事記』『日本書紀』という意味で「記・紀」という表記を使っている。

3　いまだに根強い『古事記』偽書説の読み解き方

■江戸時代からある偽書説

『古事記』の序をみる限り、『古事記』は和銅五年（七一二）に成立したことになるが、一方では、江戸時代中期からすでに、『古事記』はのちの世につくられた偽書であるという説が出されている。

その理由もさまざまな角度からいわれているが、たとえば、奈良時代を叙述した正史である『続日本紀』に成立についての記事がみられないことがいわれている。『古事記』の撰録という国家的事業が完成したというのに、『続日本紀』にその記事がないというのはおかしいというのである。

この点は、『古事記』に遅れること八年の養老四年（七二〇）にできあがった『日本書紀』にもやはり、『古事記』の成立に関する記載はみられない。

　このように、同時代に成立した史料に、『古事記』の完成が記されていないという不自然さはたしかにある。

　『古事記』という書名が史料の中に初めてみえるのは、弘仁四年（八一三）に多人《おおのひと》長《なが》によって撰上された「弘仁私記《こうにんしき》」の序文によってである。このことから、『古事記』は奈良時代後期の成立だとか、さらに時代が降って平安時代初期だとかとする説も出された。

　しかし、『続日本紀』に記されていないからといって、必ずしも成立していないともいえないのである。

　たとえば、「養老律令」をあげてみよう。「大宝律令」の修正版ともいえる「養老律令」が養老二年（七一八）に制定されたことは広く知られていることである。しかし、この「養老律令」に関しても、当時を記す『続日本紀』は、その制定について何も語っていないのである。

　そのため、「養老律令」も養老二年（七一八）制定を疑う説が以前からみられるが、定説を変えるまでにはいたっていない。

■太安万侶についての疑問

『古事記』の筆録者とされる太安万侶という人物についても疑問が出されている。

『古事記』の序では、「太安万侶」と表記されているが、『続日本紀』では「太安麻呂」と記されている。ちなみに、太安万侶の経歴をみてみると、

①大宝四年（七〇四）正月　正六位↓従五位下

⇩

②和銅四年（七一一）四月　正五位上

⇩

③和銅四年（七一一）九月　『古事記』撰録の命

⇩

④和銅五年（七一二）正月　『古事記』完成

⇩

⑤和銅八年（七一五）正月　従四位下

⇩

⑥和銅八年（七一五）五月頃に民部卿となる。
　⇩
⑦霊亀二年（七一六）九月　太氏の氏長
　⇩
⑧養老七年（七二三）七月　卒

となっている。したがって、『古事記』の序に「正五位上勲五等太朝臣安万侶」とあることと官位はあっている。

また、名前の表記についても、前述のように昭和五十四年（一九七九）に奈良県奈良市此瀬町の茶畑から、太安万侶の火葬墓と墓誌がみつかり、そこに、「安万侶」という表記がみられる。

こうしたことからも、太安万侶が『古事記』の編纂者であることは事実とみなしてさしつかえないというのが一般的であり、『古事記』についても、和銅五年（七一二）の成立とするのが通説的な理解となっている。

4　どうして三巻でなければならなかったのか

■『古事記』の構成

『古事記』は、神代から推古《すいこ》天皇までの歴史を、上巻・中巻・下巻の三巻にまとめた現存最古の古典である。上巻の冒頭には、『古事記』を筆録した太安万侶による序が含まれている。この序は、通常の書籍にみられる序とは少し異なっている。というのは、一般的には、序があって、次に本文がスタートするのがふつうである。ところが、『古事記』の場合は、本文の中に序が含まれるという形をとっている。具体的にみてみると、

古事記　上つ巻　序を并せたり

となっており、俗に「并序」と称せられる。

したがって、この序のあとに、すぐ上巻の本文が続いているのであるが、上巻はすべて神代にあてられている。このことを単純に受けとるならば、全体の三分の一が神話ということになり、『古事記』では神話がとりわけ重要視されているといってよいであろう。

『古事記』の上巻を具体的にみるならば、天地のはじまりである天地開闢《てんちかいびゃく》からスタートして、神代七代を経て、イザナキ神・イザナミ神が登場する。この両神が国生み・神生みをおこなったあと、死者の国である黄泉《よみ》国へ去ったイザナミ神を追ってイザナキ神が黄泉国を探訪する話がある。そのあと、黄泉国から逃げ帰ったイザナキ神による三貴子（アマテラス大神・ツクヨミ神・スサノオ神）の誕生へと神話が展開していく。

次からは、しばらくスサノオ神を主人公として話が進んでいく。すなわち、母であるイザナミ神を恋しがって号泣するスサノオ神に対するイザナキ神の怒り、そして、天界からの追放、追放される前に姉に一目あいたいとして高天原へ向かうスサノオ神、そして、そこでおこなわれるアマテラス大神とスサノオ神とのウケイなどがあり、それに勝利したスサノオ神の乱暴となる。

その後、スサノオ神の乱暴に耐えかねたアマテラス大神の天の岩屋隠れの話があり、乱暴の責任をとらされたスサノオ神の出雲への追放となる。出雲へ降ったスサノオ神は、そこでヤマタノオロチを退治して、一躍ヒーローとなる。そのスサノオ神の子孫がオオクニヌシ神となるのである。

ここから、主人公がスサノオ神からオオクニヌシ神へとバトン・タッチされる。オオクニヌシ神の登場はイナバの素兎《しろうさぎ》からである。兎を助けたオオクニヌシ神がヤカミヒメと結ばれることになったため、兄の八十神《やそがみ》たちから迫害を受け、二度も殺されることになる。どうにかよみがえったオオクニヌシ神は難を逃れるためスサノオ神のいる根国へ行き、そこでスサノオ神の娘であるスセリビメと結ばれることになる。そして、スサノオ神が出すさまざまな試練を乗り越えて、スセリビメと共に葦原中国《あしはらなかつくに》へもどり、八十神たちを服従させ、国づくりをおこなうことになる。この間、オオクニヌシ神は、越《こし》(北陸)のヌナカワヒメのもとに通ったりしてスセリビメの嫉妬をかったりもしている。

こうして、オオクニヌシ神がつくりあげた葦原中国、すなわち地上を、高天原側は

■日本神話の神々の系譜

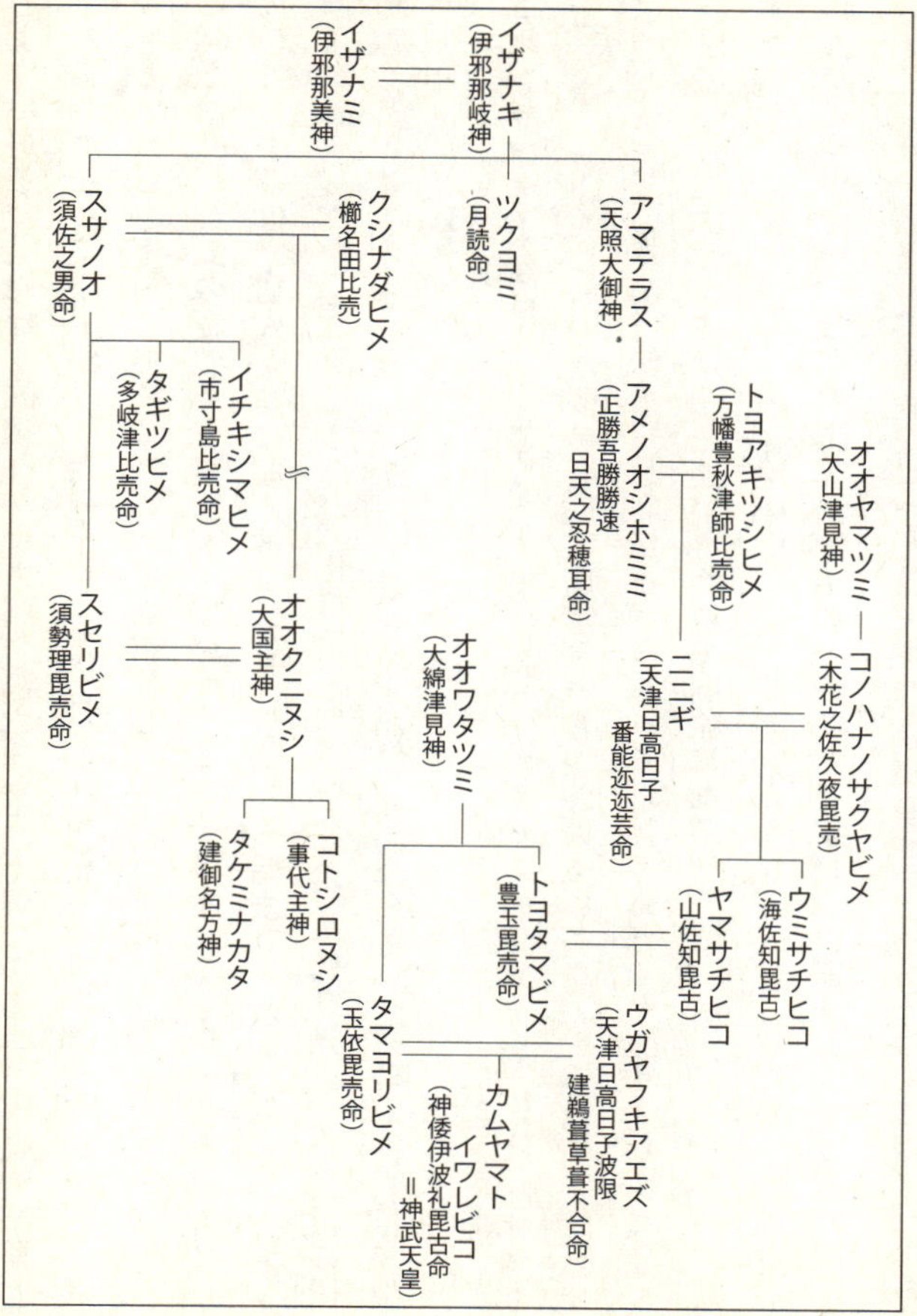

イザナキ（伊邪那岐神）
イザナミ（伊邪那美神）
アマテラス（天照大御神）・
ツクヨミ（月読命）
クシナダヒメ（櫛名田比売）
スサノオ（須佐之男命）
イチキシマヒメ（市寸島比売命）
タギツヒメ（多岐津比売命）
スセリビメ（須勢理毘売命）
オオクニヌシ（大国主神）
コトシロヌシ（事代主神）
タケミナカタ（建御名方神）
オオヤマツミ（大山津見神）
トヨアキツシヒメ（万幡豊秋津師比売命）
アメノオシホミミ（正勝吾勝勝速日天之忍穂耳命）
コノハナノサクヤビメ（木花之佐久夜毘売）
ニニギ（天津日高日子番能迩迩芸命）
オオワタツミ（大綿津見神）
ウミサチヒコ（海佐知毘古）
ヤマサチヒコ（山佐知毘古）
トヨタマビメ（豊玉毘売命）
タマヨリビメ（玉依毘売命）
ウガヤフキアエズ（天津日高日子波限建鵜葺草葺不合命）
カムヤマトイワレビコ（神倭伊波礼毘古命＝神武天皇）

譲るように迫る。結局は、国譲りがなされ、高天原から天孫であるニニギ命が天降ってくる。ここが、『古事記』や『日本書紀』の神話では最も重要な部分であり、ハイライトといってもよいであろう。このあと神話は、ウミサチヒコ・ヤマサチヒコの兄弟の話となり、神武《じんむ》の誕生へとつながっていく。ここまでが上巻ということになる。次いで、中巻は、初代天皇になる神武の東征伝承から始まり、次の綏靖《すいぜい》から安寧《あんねい》・懿徳《いとく》・孝昭《こうしょう》・孝安《こうあん》・孝霊《こうれい》・孝元《こうげん》・開化《かいか》までのいわゆる欠史八代を経て、十代目の崇《す》神《じん》天皇が登場する。そののち、垂仁《すいにん》・景行《けいこう》・成務《せいむ》・仲哀《ちゅうあい》と続き、次の応神《おうじん》天皇で中巻が終わりとなる。

これを受けて下巻は、聖帝伝承で名高い仁徳《にんとく》天皇から始まり、履中《りちゅう》・反正《はんぜい》・允《いん》恭《ぎょう》・安康《あんこう》・雄略《ゆうりゃく》といった倭の五王に比定されることの多い天皇たちを経て、清寧《せいねい》・顕宗《けんぞう》へと続いていくが、伝承らしい伝承がみられるのは、ほぼこれまでといってよく、これ以後の天皇については、記述がきわめて簡略になる。

すなわち、仁賢《にんけん》・武烈《ぶれつ》・継体《けいたい》・安閑《あんかん》・宣化《せんか》・欽明《きんめい》・敏達《びだつ》・用明《ようめい》・崇峻《すしゅん》・推古《すいこ》の十代の天皇については、都や系譜・治世年数・陵などを事務的に記すのみである。

■上巻〈神々の世界〉の特色

質・量ともに豊富な神話からなる上巻であるが、最も重要な部分は、国譲り神話とそれに連動する天孫降臨神話である。この点は、『日本書紀』も同様である。

高天原からアマテラス大神の孫であるニニギ命が地上に天降ってきて支配し、その子孫が天皇家であるということは、とりもなおさず、天皇家による日本列島の支配は神代からのものであるといっていることになり、支配の古さや正統性を主張している

■『古事記』の構成

上巻
神　代

↓

中巻
①神武→②綏靖→③安寧
→④懿徳→⑤孝昭→⑥孝安
→⑦孝霊→⑧孝元→⑨開化
（②〜⑨　欠史八代）
→⑩崇神→⑪垂仁→⑫景行
→⑬成務→⑭仲哀→⑮応神

↓

下巻
⑯仁徳→⑰履中→⑱反正
→⑲允恭→⑳安康→㉑雄略
→㉒清寧→㉓顕宗→㉔仁賢
→㉕武烈→㉖継体→㉗安閑
→㉘宣化→㉙欽明→㉚敏達
→㉛用明→㉜崇峻→㉝推古

ことになる。これこそが、『古事記』や『日本書紀』の神代が担っている役割に他ならない。

■中巻〈神武から応神〉の特色

初代天皇とされる神武から十五代目の応神までが中巻である。神武は、日向《ひむか》から出発して東征をおこない、大和の橿原宮《かしはらのみや》で即位して初代の天皇になったとされる。すなわち、上巻の神代が終了し、中巻からは天皇の時代、つまり人代が始まるということなのである。神々の世界がくり広げられた上巻に対して、中巻からは人間の時代が始まるということである。

しかし、『古事記』では、神代から人代へというように明確に区切っているわけではない。というよりもむしろ、曖昧な感じすら受けるのである。たとえば、神武はウガヤフキアエズ命とタマヨリビメとの間の子である。このことから明かなように、神武は神話世界の出身である。このことは、『日本書紀』からもいうことができ、神武の名であるホホデミは、祖父にあたるヤマサチヒコの名でもある。この点からも、やはり、神武と神話世界とのつながりを感じることができるのである。

また、中巻の最後に登場する応神もユニークな天皇といえる。というのは母である神功皇后《じんぐうこうごう》が応神天皇を生んだのは筑紫、すなわち、九州と明記されているからである。天皇の出生地といえば、大和が一般的であることを考えるならば、応神の出生地が九州というのも中巻の特色としてあげることができよう。

■下巻〈仁徳から推古〉の特色

下巻は、聖帝伝承で有名な仁徳から始まり、わが国初の女帝である推古までが叙述されている。

下巻の特色としては、まず、武烈天皇が『日本書紀』での姿とあまりにも違いがあることに驚かされる。というのは、『日本書紀』での武烈天皇は、悪逆の限りを尽くした天皇として描かれている。たとえば、妊婦の腹を割いて胎児を見たとか、人の生爪をはいで芋を掘らせたとかといった伝承が多くみられ、この手の伝承にこと欠かないほどである。たとえば、人頭髪を抜いて木に登らせて、その木を斬り倒して人を落下させて殺害するのを楽しみにしたともいわれるし、樋に人を押し込めて流し、出口で矛で刺し殺して楽しんだり、人を木に登らせて射落として笑ったりもしたと記されている。しかし、これらの悪行の数々は、『古事記』には、まったく記されていない。
また、武烈天皇のあとを受けた継体天皇の時代には、筑紫国造《つくしのくにのみやつこ》の磐井《いわい》が反乱を起こし、大騒動になったとされる。事実、『日本書紀』をみると、九州のほぼ北半分を勢力下に置いた磐井がヤマト政権によって朝鮮半島に向けて派遣された近江毛野《おうみのけぬ》軍を阻止してしまったことが記されている。この反乱は、結局、鎮圧されてしまうが、継体朝における重要事件といえる。しかし、『古事記』では、この事件について、

この御世に、竺紫君石井《つくしのきみのいわい》、天皇の命に従はずして、多く礼無かりき。

としか記されていない。そして、その結末についても、

故、物部荒甲大連《もののべのあらかいのおおむらじ》、大伴金村《おおとものかなむら》の連二人を遣《つか》はして、石井を殺したまひき。

とあるだけで、詳しいことはまったくのべられていない。
『古事記』の武烈・継体両天皇については、各々の天皇の記述全体が短いということ

も当然のことながら考慮しなければならないが、それでも『日本書紀』との間にみられるこうした大きなギャップは注目すべき点といえるであろう。

■構成に隠された謎

『古事記』の上巻・中巻・下巻の分け方をあらためてみてみると、そこには単なる分量の点からの区分というだけでは済まされない何かがあるように思えてくる。

上巻の神代と中巻の人代との間には、神話から歴史へという区分の必然性が認められる。もちろん、古代人が神話をどのようにとらえていたかについては考えなければならない問題であろうが、上巻と中巻との間には、区分の必然性を十分に読みとることができる。

それでは、中巻と下巻との間はどうであろうか。中巻の最後に位置する応神天皇が九州で生まれたということはすでにみたとおりである。しかも、その前の天皇である仲哀は神の意志に逆らって亡くなっている。そして、応神の子で聖帝とたたえられる仁徳から下巻がスタートしている。

このようにみると、何やら中巻のラストは天皇家に騒動があり、仁徳から気分一新といった印象を受ける。

この仲哀から仁徳までの時代を、かつて水野祐博士は、王朝交替という考えで理解した。つまり、大和の王であった仲哀が九州の王の応神を攻撃したが、遠征は失敗し、仲哀自身も亡くなってしまう。一方、戦いに勝利した応神は、その後も九州を動かず、その子の仁徳の時代に大和へ向かって東征をおこない、大和の勢力を滅ぼしたというのである。したがって、仲哀と応神とは別の王朝であるというのである。

応神がそれまでの天皇とは異なっているという考えは、広い支持を得ていると思われるが、現在では王朝が交替したというよりは、王統が代わったとみる説が強まっている。いずれにしても、仲哀・応神・仁徳をどう理解するかは古代史の大きなポイントといえよう。

5　なぜ最初に現れる神が『日本書紀』と違っているのか

■天地のはじまり

『古事記』や『日本書紀』の神話、すなわち、記・紀神話は、体系神話といわれる。それは、天地のはじまりから始まって、ストーリー性をもって神話が展開され、国譲り・天孫降臨へとつながり、それが、初代天皇の神武へと結びつくように配置されているからである。

しかし、具体的にみていくと、内容に相違がみられるところもある。記・紀神話は天地開闢、すなわち天地のはじまりからスタートするわけであるが、『古事記』をみると、

天地《あめつち》初めて発《ひら》けし時、

という書き出しから始まっている。ここからもわかるように、『古事記』では、天地が分離したときから書き始められている。ところが、『古事記』の序をみると、

混元既《こんげんすで》に凝《こ》りて、気象《きしょう》未《いま》だ効《あらは》れず。名も無く為《わざ》も無し。然《しか》れども、乾坤《けんこん》初めて分かれて、

となっている。格調の高い書き出しであるが、要は「気象」、すなわち自然界の現象が混沌として分離していない状態からスタートしている。そこから天と地とが分かれたとなっていて、本文とは微妙に違っているのである。

本文と序がそのあとどうなっているのかというと、本文では高天原にアメノミナカヌシ・タカミムスヒ・カミムスヒの三神が誕生したとある。一方、序のほうは、「参神造化の首《はじめ》となり、陰陽ここに開けて、二霊群品の祖となりき」とある。つまり、本文と同様に三神が誕生し、そして、イザナキ・イザナミ二神が万物の祖となったとある。本文では三神のあと、ウマシアシカビヒコヂ・アメノトコタチの二神が登場し、

先の三神と合わせて別天神と称している。神世七代とよばれる神々が誕生し、その七代のラストがイザナキ・イザナミになっており、序は神代七代のイザナキ・イザナミ以前を省略した形になっている。

また、『日本書紀』はとみると、

古《いにしえ》、天地未《いま》だ剖《わか》れず。

で始まっている。つまり、天地が未分離の状態から始まっていることになる。そして、そのあと、天ができ、そののち地が定まった。その時に天地の中にあしかびのような神が誕生した。これがクニノトコタチであるという。そのあと、クニノサツチ、トヨクムノの二神が生まれたとされる。さらに、『日本書紀』は、

■天地開闢神話の始まり方

		天地分離	未分離
『古事記』	序		○
	本文	○	
『日本書紀』	本文		○
	第1の一書	○	
	第2の一書	○	
	第3の一書		○
	第4の一書	○	
	第5の一書		○
	第6の一書	○	

紀		古事記	
第1の一書	本　文	本　文	序
・クニノトコタチ **(クニノソコタチ)** ⬇ クニノサツチ (クニノサタチ) ⬇ ・トヨクニヌシ トヨクムノ トヨカブノ ウカブノノトヨカウ トヨクニノ トヨカブノ ハコクニノ ミノ	**・クニノトコタチ** ⬇ クニノサツチ ⬇ トヨクムノ	◎別天神 **・アメノミナカヌシ** ・タカミムスヒ ・カミムスヒ ………………… ・ウマシアシカビヒコヂ ・アメノトコタチ ⬇ ◎神世七代 **・クニノトコタチ** ・トヨクモノ ウヒヂニ スヒヂニ ツノグイ イクグイ オオトノヂ オオトノベ オモダル アヤカシコネ イザナキ イザナミ	◎造化の三神 **・アメノミナカヌシ** ・タカミムスヒ ・カミムスヒ ⬇ ◎二霊 ・イザナキ ・イザナミ

■天地開闢神話の登場神

日	本	書		
第6の一書	第5の一書	第4の一書	第3の一書	第2の一書
・アメノトコタチ ⬇ ・ウマシアシカビヒコヂ ⬇ **・クニノトコタチ**	**・クニノトコタチ**	**クニノトコタチ** ⬇ クニノサツチ ※別伝承 **・アメノミナカヌシ** ⬇ ・タカミムスヒ ⬇ ・カミムスヒ	・ウマシアシカビヒコヂ ⬇ **・クニノソコタチ**	・ウマシアシカビヒコヂ ⬇ **・クニノトコタチ** ⬇ ・クニノサツチ

「一書《あるふみ》」と称して別伝承を載せており、天地開闢のところは、全部で六つの別伝承が記されている。

それらのうち、第一の一書は、天地が初めて分かれたとき、クニノトコタチが生まれたとある。この神にはクニノソコタチという別名が記されている。その次に、クニノサツチが生まれたが、この神もクニノサタチという別名をもっている。さらに、トヨクニヌシが生まれたが、この神はトヨクムノ・トヨカブノ・ウカブノノトヨカウから、トヨクニノ・トヨカブノ・ハコクニノ・ミノといった七つの別名をもっている。

次いで、第二の一書は、まだ国が若くておさなかったとき、ウマシアシカビヒコヂが出現し、そのあとクニノトコタチ、次にクニノサツチが生まれたとある。

第三の一書は、天地が混沌として未分離の状態であったとき、ウマシアシカビヒコヂが現れ、次にクニノソコタチが出現したと記している。

第四の一書は、天地が初めて分かれたとき、クニノトコタチ、次いでクニノサツチが生まれたとあるが、別の伝承もみられるとして、高天原にまず、アメノミナカヌシが生まれ、次にタカミムスヒ、そして、カミムスヒが現れたとも記している。

第五の一書には、天地がまだ生じないときに、クニノトコタチが生まれたと記されている。

最後の第六の一書では、天地が初めて分離したとき、アメノトコタチが生まれ、次にウマシアシカビヒコヂが現れ、さらに、クニノトコタチが生まれたことになっている。

このように、『古事記』と『日本書紀』とによって天地のはじまりをみてみると、大筋では類似しているといえるが、細かくみていくと異なるところも少なくないことがわかる。相違点ということでいうならば、一番の点は、天と地とが未分離の状態で始まるか、それとも分離したという前提で書き出されているかということであろう。そして、二番目には、誕生する神の名称と登場する順とが微妙に異なっている点が注目されるが、とりわけ、最初に姿を現す神が大まかにいって、『古事記』と『日本書紀』とでは違っていることは見逃せない。

■アメノミナカヌシとクニノトコタチ

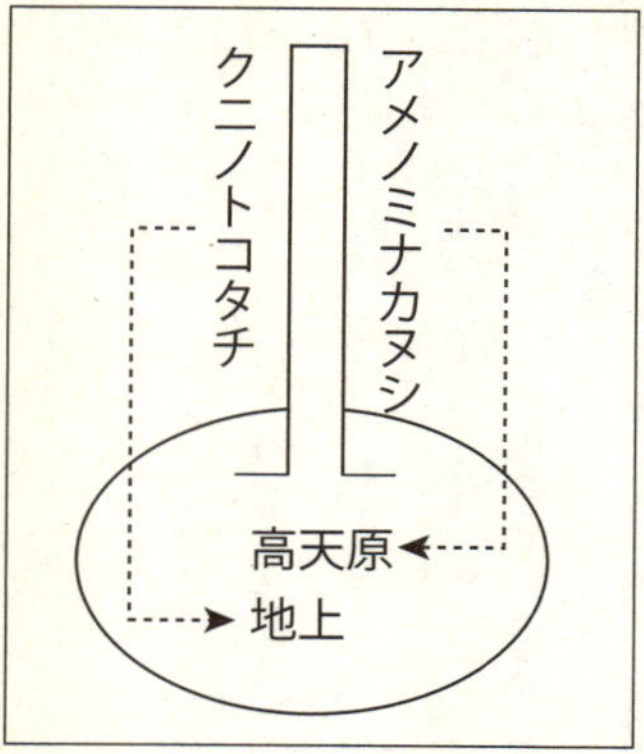

■最初に現れる神

記・紀神話の中で一番初めに登場する神は、『古事記』がアメノミナカヌシであるのに対して、『日本書紀』の本文はクニノトコタチである。クニノトコタチは『古事記』にも姿をみせるが、それに対して、『日本書紀』ではアメノミナカヌシはきわめてウェイトが低い。わずかに第四の一書に別伝承という形で登場している。一書はそれ自体、『日本書紀』の別伝承であるから、いわば別伝承の中の別伝承という形での登場ということになる。

つまり、『古事記』においては、最初の神はアメノミナカヌシと考えられていたのに対し、『日本書紀』はクニノトコタチが最初の神として認識されていたといえるのである。このことはどういう意味をもっているのだろうか。アメノミナカヌシのアメ、すなわち「天」は天神のいる高天原をさしていると思われる。また、ミナカ（御中）は神々の中央ということを表わしているとされる。ヌシ（主）は主人でよいであろう。したがって、アメノミナカヌシとは、高天原にあって神々の中で中心的な位置を占める主人ということになる。

一方、クニノトコタチはというと、クニ（国）は天に対しての国であり、高天原に対する地上ということである。トコタチ（常立）は、意味的には「床立」であるとされ、土台が姿を現すということに他ならない。つまり、クニノトコタチという神は、地上に大地が姿を現し、そこにしっかりと立っている神ということで、永久的な支配者のイメージである。したがって、『古事記』のアメノミナカヌシが高天原の中心というのに対し、『日本書紀』のクニノトコタチは地上の支配者という意味合いが強く感じられる。こうしたことは、天皇家の歴史書としての性格をより強くもっている『古事記』に対して、『日本書紀』は天皇による日本の支配の正統性をより強調していることと無関係ではないように思われる。

6　イザナキとイザナミの「国生み神話」が持つ意味とは?

■国土の創造

日本列島の誕生の由来を神話の面から説明したのが国生み神話であり、その主人公がイザナキ・イザナミの二神である。国土の創造という点で神話でも重要な役割を担っている。

『古事記』では、天地のはじめに、アメノミナカヌシなどの五神、すなわち「別天《ことあまつ》神《かみ》」が登場し、そのあとをうけてクニノトコタチ以下の「神世七代」が姿をみせる。その神世七代の最後を飾るのがイザナキ・イザナミ男女二神にほかならない。

イザナキ・イザナミに与えられた任務は、まだつかみどころなく漂っている状態の地上をしっかりと作り固めることであった。そこで両神は、天神一同のこの言葉をうけて、与えられた天の沼矛《ぬぼこ》をもって、天の浮橋《うきはし》に立ち、天の沼矛を地上におろして海水をかきまぜて引き上げたところ、矛の先より塩がしたたり落ちて島になった。これがオノゴロ島である。

このオノゴロ島に天降ったイザナキ・イザナミ両神は、天の御柱《みはしら》を立てて、これを壮大な建物にみたてた。そして、イザナキからイザナミに姿をたずねると、イザナミは我が身には合わないところがあるという。すると、イザナキは自分にはあまっているところがあるといい、このあまっているところでイザナミの合わないところをふさいで国土を生もうともちかける。つまり、夫婦になって国土を生もうというわけである。この申し出に、イザナミも同意すると、二神で天の御柱を回って性交することになる。

イザナキは天の御柱を左から回り、イザナミは右から回り、出会ったときイザナミがまず、「ああ、何と良い男だこと」といい、ついでイザナキが「ああ、何と良い女だ」といった。すると、イザナキは女性が最初にいうのはよくないと告げたが、二神は性交に及ぶことになる。その結果、誕生したのが水蛭子《ひるこ》とされるが、この子は葦船に入れて流してしまった。次に淡島を生んだが、これも子としては認めなかった。

つまり、イザナキとイザナミの国生みは、はじめうまくいかなかったことになる。

二神は高天原へもどり国生みがうまくいかないことを報告し、その原因をたずねたところ、天神は太占《ふとまに》の占いをして、「女性からものをいったからうまくいかなかった」と教え、やりなおすようにといった。

イザナキ・イザナミ両神はオノゴロ島に帰り、再度、柱の周囲を回り、出会ってからまず男神であるイザナキの方から声をかけた。そして、性交したところ、淡道《あわじ》の穂の狭別《さわけの》島、すなわち淡路島が生まれた。

次に、伊予《いよ》の二名《ふたなの》島、すなわち四国を生むのであるが、この島については、「面《おも》四つあり」とあって、それぞれについて伊予国はエヒメ、讃岐《さぬきの》国はイイヨリヒコ、粟国《あわの》(阿波国)はオオゲツヒメ、土左《とさの》国(土佐国)はタケヨリワケというように、人格的な名前がついている。こうした人格的な名称はこのあとの国生みについてもでてくる。

すなわち、次に隠岐《おき》の三子《みつごの》島を生むが、この隠岐島には、アメノオシコロワケという別名がつけられている。次に生んだ筑紫《つくしの》島には、「身一つにして面四つあり」と記されており、それは筑紫国(シラヒワケ)・豊《とよ》国(トヨヒワケ)・肥《ひの》国(タケヒムカヒトヨクジヒネワケ)・熊曾《くまその》国(タケヒワケ)のことをいっている。

その後もイザナキ・イザナミによる国生みは続き、伊伎《いきの》島・津《つ》島を生んでいる。こ

■国生み神話

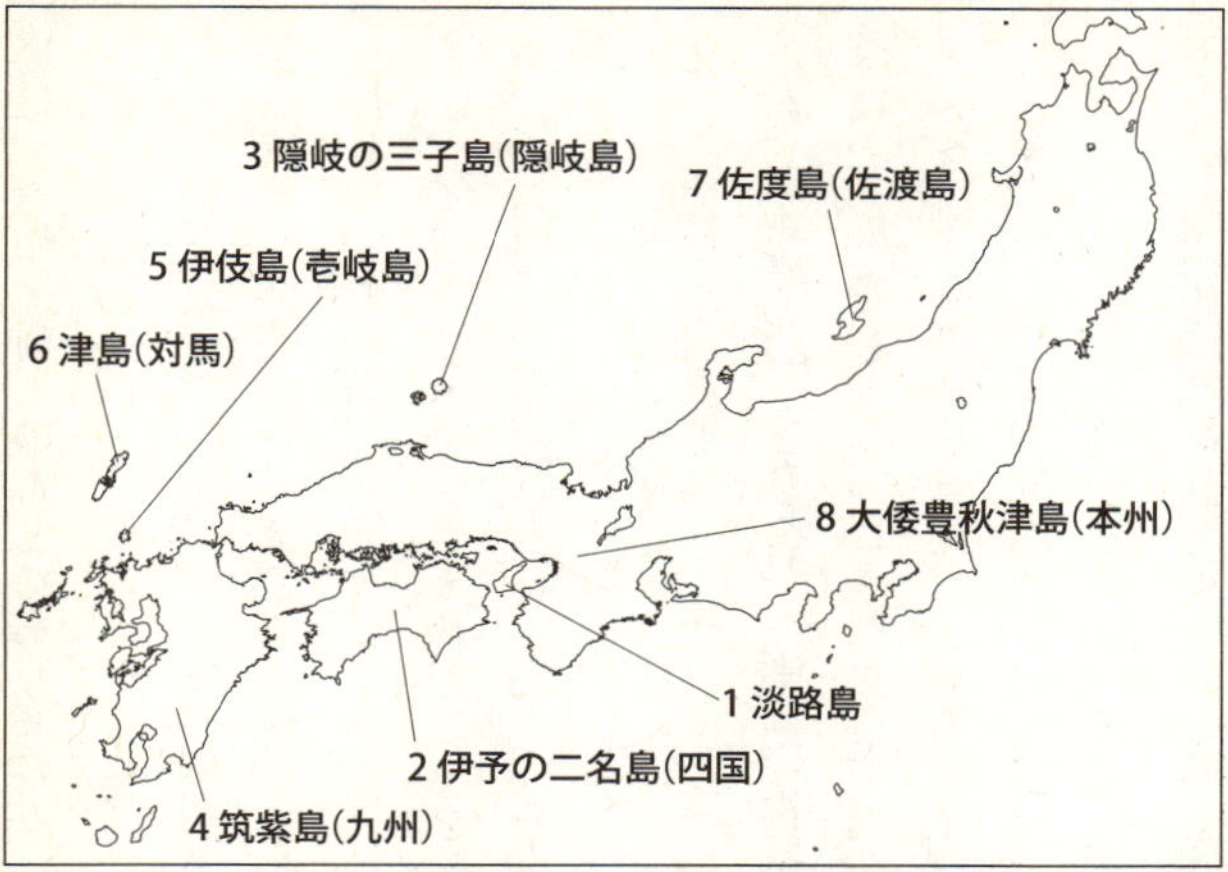

水蛭子
淡島 } 国生みに入れず

大八島国

1 淡路島
2 伊予の二名島
　①伊予国　（エヒメ）
　②讃岐国　（イイヨリヒコ）
　③粟国　（オオゲツヒメ）
　④土左国　（タケヨリワケ）
3 隠岐の三子島
　（アメノオシコロワケ）
4 筑紫島
　①筑紫国　（シラヒワケ）
　②豊国　（トヨヒワケ）
　③肥国　（タケヒムカヒトヨクジヒネワケ）
　④熊曾国　（タケヒワケ）
5 伊伎島　（アメヒトツバシラ）
6 津島　（アメノサデヨリヒメ）
7 佐度島
8 大倭豊秋津島
　（アマツミソラトヨアキヅネワケ）

吉備児島　（タケヒカタワケ）
小豆島　（オオノテヒメ）
大島　（オオタマルワケ）
女島　（アメノヒトツネ）
知詞島　（アメノオシオ）
両児島　（アメフタヤ）

の二島は、壱岐・対馬のことであり、各々、アメヒトツバシラ・アメノサデヨリヒメという別名をもっている。次いで、佐度《さど》島、すなわち佐渡島を生んでおり、さらに、大倭豊秋津《おおやまととよあきづ》島を生んでいる。この大倭豊秋津島は大和を中心とした畿内に当たる地域とされ、アマツミソラトヨアキヅネワケという名前をもっている。そして、以上の八島を合わせて大八島《おおやしま》国と総称している。これで一応の国生みが終わったことになっているが、イザナキ・イザナミが国生みを終えて帰るときにさらに六島を生んでいる。それが、吉備児《きびのこ》島（児島半島）―タケヒカタワケ、小豆《あづき》島―オオノテヒメ、大《おおの》島―オオタマルワケ、女《ひめ》島（姫島）―アメノヒトツネ、知訶《ちかの》島（五島列島）―アメノオシオ、両児《ふたごの》島（男女群島）―アメフタヤである。

以上が、『古事記』にみられる国生み神話である。国生みによって誕生したほとんどの国に人格的な名前がつけられていて興味深いのであるが、それにもまして、国を生むという国土の創造法は注目される。イザナキとイザナミによる国を生むという方法は、とりもなおさず、生み落とすということで方向的には上から下へということになる。つまり、地面に対して垂直の方向ということである。記・紀神話では、国譲り神話といい、天孫降臨神話といい、こうした垂直型の神話が割合、多くみられる。そして、この垂直型神話の分布は、朝鮮半島からシベリアといった北方に広くみられるともいわれている。つまり、垂直型神話は北方系の神話というわけである。イザナキとイザナミによる国生み神話もこのタイプに入るわけである。それでは、日本の国土創造神話は北方系なのかというと、そう簡単にはいえないのである。それは、『出雲国風土記』にも、国引き神話とよばれるいわば国土創造神話がみられるが、この神話は、国引きという点からもわかるように、地面に対して水平方向の神話なのである。

■国引き神話の内容

『出雲国風土記』の国引き神話は、意宇《おう》郡の地名由来説話である。主人公はヤツカミズオミツヌという巨人神である。この神が、「八雲立つ出雲」は、幅の狭い布のような形をしたできたての国で小さく作ってしまったので、土地をぬい合わせて大きくしようといって国引きを始めることになる。

国引きは全部で四回おこなわれ、具体的には島根半島部を作りあげることになる。まず一回目は、朝鮮半島の新羅から国を引いてくる。ヤツカミズオミツヌが、余っている土地があるかとみるとあるようなので、若い女性の広い胸のようなスキで大きな魚を刺し殺すような力で土地を分けとり、三つよりの丈夫な綱で河船を引くように国こい国こいと引っぱってきてぬいつけたと記している。

こうして国引きしてきた地域はどこかというと、杵築《きづき》のあたりというから、島根半島の西部にあたるエリアということになり、ここには出雲大社が鎮座している。さらに、この国引きのさいに使用した綱は薗《その》の長浜《ながはま》であり、その綱をつなぎとめた杭が佐比売山（三瓶山《さんべ》）であるとも記している。

二回目の国引きは、北門《きたど》の佐伎国《さきの》からおこなった。一回目と同じようにして国こい国こいと引いてきてぬい合わせたのが佐太神社のある狭田国の一帯としている。二回目の国引きには、綱と杭のことは記されていない。ここにみられる北門については、具体的にどの地域が想定されているかということをめぐって諸説がみられるが、隠岐のことと考えてよいであろう。

三回目の国引きも北門からであるが、農波国《ぬなみの》を引いてきたとある。この農波国については、多くの写本は「良波」となっているが、良波は地名としてそぐわないというので、農波の誤りかと訂正されたのであるが、農波というのも地名としてあまりあるものとは思えない。おそらくは、写本にみられるように「良波」を生かすべきで、

■国引き神話の舞台

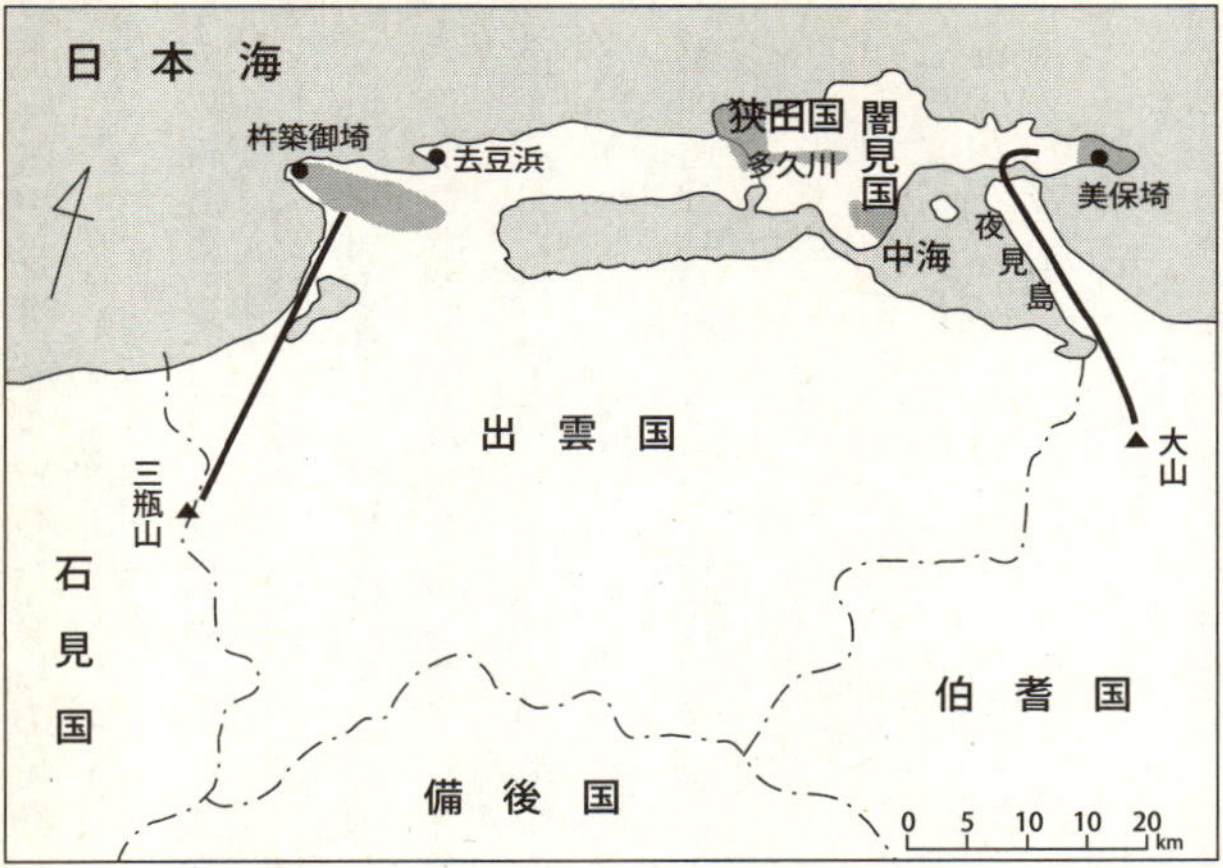

実は「波良《はら》」が写し違って「良波」になったのであろう。「波良」であれば、「原」となり、地名としても自然である。具体的には、隠岐の島後にあたる地域かと思われる。

最後の四回目は、越すなわち北陸からの国引きで、島根半島の東部の美保にあたる部分を引いてきたことになっている。このとき使った綱が夜見島（弓が兵）であり、杭は火神岳（大山）であるという。

そして、四回の国引きをおえたヤツカミズオミツヌは、意宇の杜に杖をつき立てて、「おえ」といったと記されている。

以上が国引き神話といわれるものであり、記・紀にはまったく記されておらず、『出雲国風土記』のみに記載がみられる出雲のユニークな神話である。しかし、単に一地方の神話というのにとどまらず、壮大なスケール、そして、国を引いてきてそれをぬいつけるというアイデアといい、実に興味をそそられる神話でもある。

とりわけ、何よりも注目したいのは、国を引いてくるという国土の創造のしかたである。こうした水平型の国土創造神話も日本にはあるのである。わたしたちは、国土の創造を記した神話というと、記・紀の中のイザナキ・イザナミ両神による国生みがまず思いうかぶが、それに加えて、『出雲国風土記』に国引き神話という、もう一つの国土創造神話があることも忘れてはならないであろう。

7　死者の国である「黄泉国」が二つあるのはどうしてか

■死者の国

日本神話の中で、死者がいきつくところが黄泉国《よみ》である。死者の国ということになるが、他に根国とか底つ国などとも称される。黄泉とは、地下にある泉のことである。こうしたことを考え合わせると、古代人は死者の国が地下にあったと認識していたように思われる。しかし、死者の国をこの世とは異なる他界としてみるならば、常世国《とこよの》のような海上他界観も古代にはあり、そう簡単に場所を断定してしまうことはできない。

『古事記』や『日本書紀』の神話をみていくと、黄泉国と出雲との関係が深いことに気がつく。その理由についてはさまざまであるが、それらの中でも大和からみて出雲は「乾《いぬい》」の方角、すなわち、西北にあたっているからであるという説が有力である。

つまり、古代人は、乾の方角に死者の国があると考えていたというものであり、大和をはじめとして畿内の人々は、その方角にあたる出雲を死者の国とみなしていたというのである。

■比婆山と黄泉比良坂

『古事記』にみられる神話のうち、三分の一以上は、出雲に関連したものといわれる。それほど、『古事記』の神話に占める出雲の位置は大きい。

その中で、一番はじめに出雲が登場するのが、イザナミ神を葬る場面である。イザナミ神は、夫であるイザナキ神と共に国を生み、ついで神を生んでいくが、最後に火の神であるヒノカグツチ神を生んだため、女陰を焼かれて亡くなってしまう。夫のイザナキ神は、いとしい妻を失い、嘆き悲しみつつイザナミ神を葬るのであるが、その場所について『古事記』は、

出雲国と伯伎《ははき》国との堺の比婆《ひば》山に葬《ほうむ》りき。

と記している。ここに記されている比婆山が現在、具体的にどの山をさすかについてはいくつか説があって断定することは難しいが、出雲国と伯耆国《ほうき》との堺にある山ということになっている。ちなみに、『日本書紀』をみると、イザナミ神を葬った場所は、紀伊《きい》国の熊野村となっている。

このイザナミ神の死とその後のイザナキ神の黄泉国への訪問が『古事記』には詳しくのべられている。その内容をかいつまんでみるならば、黄泉国へと去ったイザナミ神を追いかけていったイザナキ神は、もう一度、この世に戻ってくることを妻に懇願する。しかし、イザナミ神は、すでに黄泉国の食物を食べてしまったので、もう現世にはもどれないという。それでも、黄泉国の神と相談してみようということになり、その間、決してのぞかないようにと念を押す。見ないと約束したイザナキ神であるが、ついついその約束を破って相談中のイザナミ神をのぞいてしまう。するとそこには、死者と化したイザナミ神の姿があり、その様子はというと、

蛆《うじ》たかれころろきて、頭には大雷居り、胸には火雷居り、腹には黒雷居り、陰《ほと》には析《さく》雷居り、左の手には若雷居り、右の手には土雷居り、左の足には鳴雷居り、

右の足には伏雷居り、并せて八はしらの雷神成居りき。

というすさまじいありさまであった。さすがに驚き、妻への愛もさめてしまったイザナキ神は、一目散に黄泉国を逃げ出してしまう。それを知ったイザナミ神は、約束を破ったことに腹を立て、イザナキ神のあとを黄泉国の者たちに追わせることになる。

やっとのことで、黄泉比良坂《よもつひらさか》を越え、葦原中国《あしはらなかつくに》、すなわち、この世にたどりついたイザナキ神は、大きな岩で黄泉比良坂をふさいでしまう。岩を間にして、黄泉国と葦原中国とに別れたイザナミ神とイザナキ神とはそこで完全に決別することになるのであるが、このとき、イザナミ神は、イザナキ神に向かって、

愛しき我が汝夫《なせ》の命、かく為ば、汝の国の人草、一日に千頭絞り殺さむ。

といい、それに対して、イザナキ神は、

愛しき汝妹《なにも》の命、汝然為せば、吾一日に千五百の産屋立てむ。

と応じる。つまり、死者の国にいるイザナミ神は、一日に千人を殺すといい、この世にいるイザナキ神は、それならば一日に千五百人を産むと応じるのである。

この黄泉比良坂を、『古事記』は、

上段：揖屋神社　下段：黄泉比良坂伝承地

今、出雲国の伊賦夜坂《いふや》と謂ふ。

といっている。現在、島根県の東部に位置する東出雲町には、揖屋《いや》神社があり、黄泉比良坂の神話は、このあたりを舞台としたものかといわれており、神社の付近には、黄泉比良坂伝承地もある。

■『出雲国風土記』の黄泉国

『古事記』をみる限り、このように黄泉国の神話は、出雲国の東部と関係が深い。このことは、黄泉国の入口は出雲国の東部にあると考えられていたということになる。しかし、『出雲国風土記』をみると、黄泉国はまったくちがう場所に設定されている。それはどこかというと、出雲国の西部なのである。具体的にいうと、出雲郡の宇賀郷であり、出雲大社の背後の日本海に面したところにあたる。そこに、窟戸があり、

高さと広さと各六尺ばかりなり。窟《いわや》の内に穴あり。人、入ることを得ず。深き

■出雲国地図

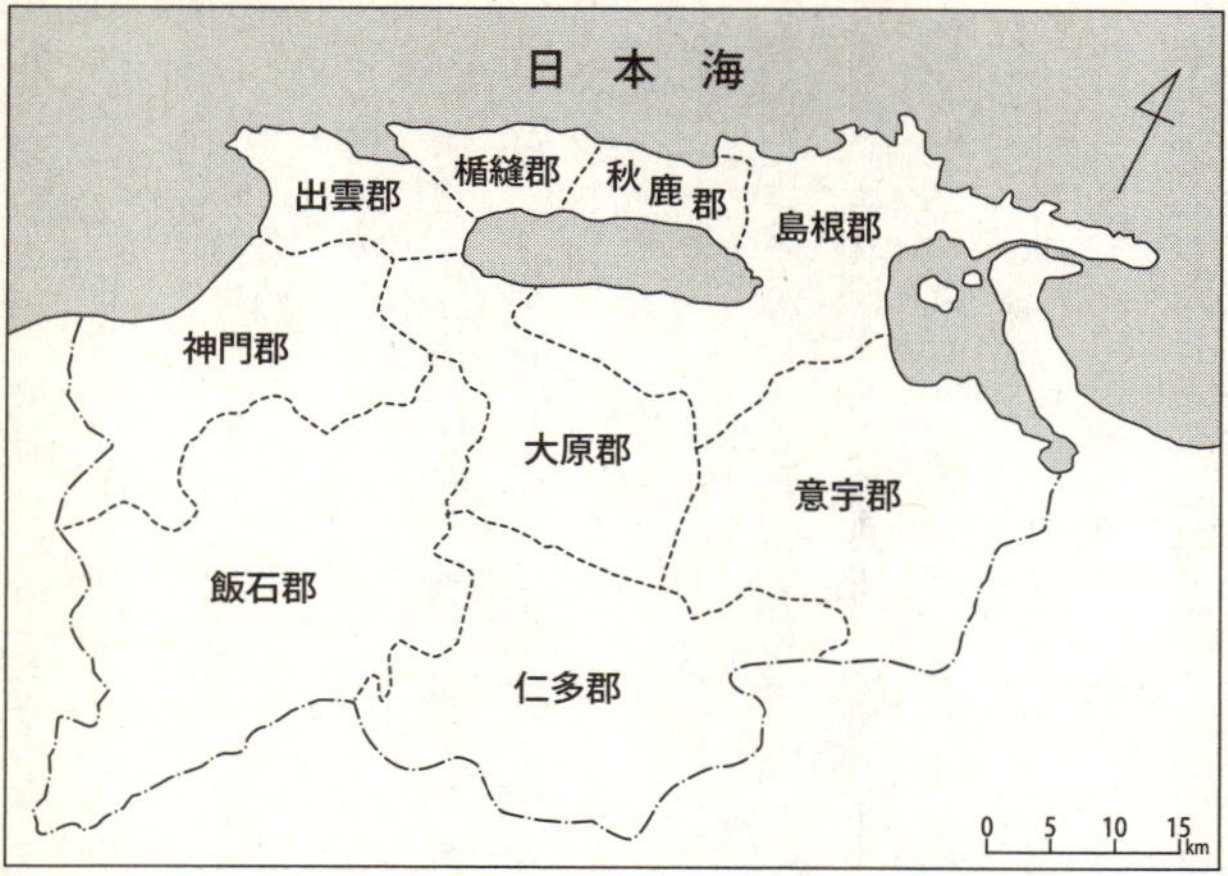

浅きを知らざるなり。夢に此の磯の窟の辺に至れば必ず死ぬ。故、俗人、古より今に至るまで、黄泉坂・黄泉穴と号《なづ》く。

と描写している。このことからわかるように、高さと広さが共に一・八メートルくらいの岩窟であり、穴が奥まで続いているが人の出入りはできないので深さはわからないという。そして、夢にこの近辺に行ったことをみると、必ずその人は死ぬと伝えられている。そこで、昔から土地の人は、ここを黄泉坂とか黄泉穴とかと称しているというのである。

この黄泉坂・黄泉穴は、いうまでもなく死者の国へと通じる坂であり、穴である。この場所については、現在の島根半島の西部の日本海に面した猪目洞窟《いのめどうくつ》のことであるとされている。

■二つの黄泉国

このように、『出雲国風土記』では、出雲国の西部が黄泉国への入口であるという。このことは、『古事記』とは、まったく異なる場所ということになる。つまり、死者の国への入口、そして、死者の国が二つ存在することになる。

これは、どういうことなのであろうか。このことを、死者の国は乾の方角、すなわち、西北にあるという古代人の観念から考えてみたい。

つまり、大和国からみて西北の方向にある出雲国を死者の国（黄泉国）とする考えが古代人にあったとするならば、その入口が大和国からみて出雲国の入口にあたる東部に設定されることは、きわめて自然なことといえる。

それに対して、出雲国の中からみるならば、たとえば、出雲国の国庁が置かれ、政治の中心であったと考えられる意宇郡の大草郷（現在の松江市）から死者の国とされ

■ふたつの黄泉国

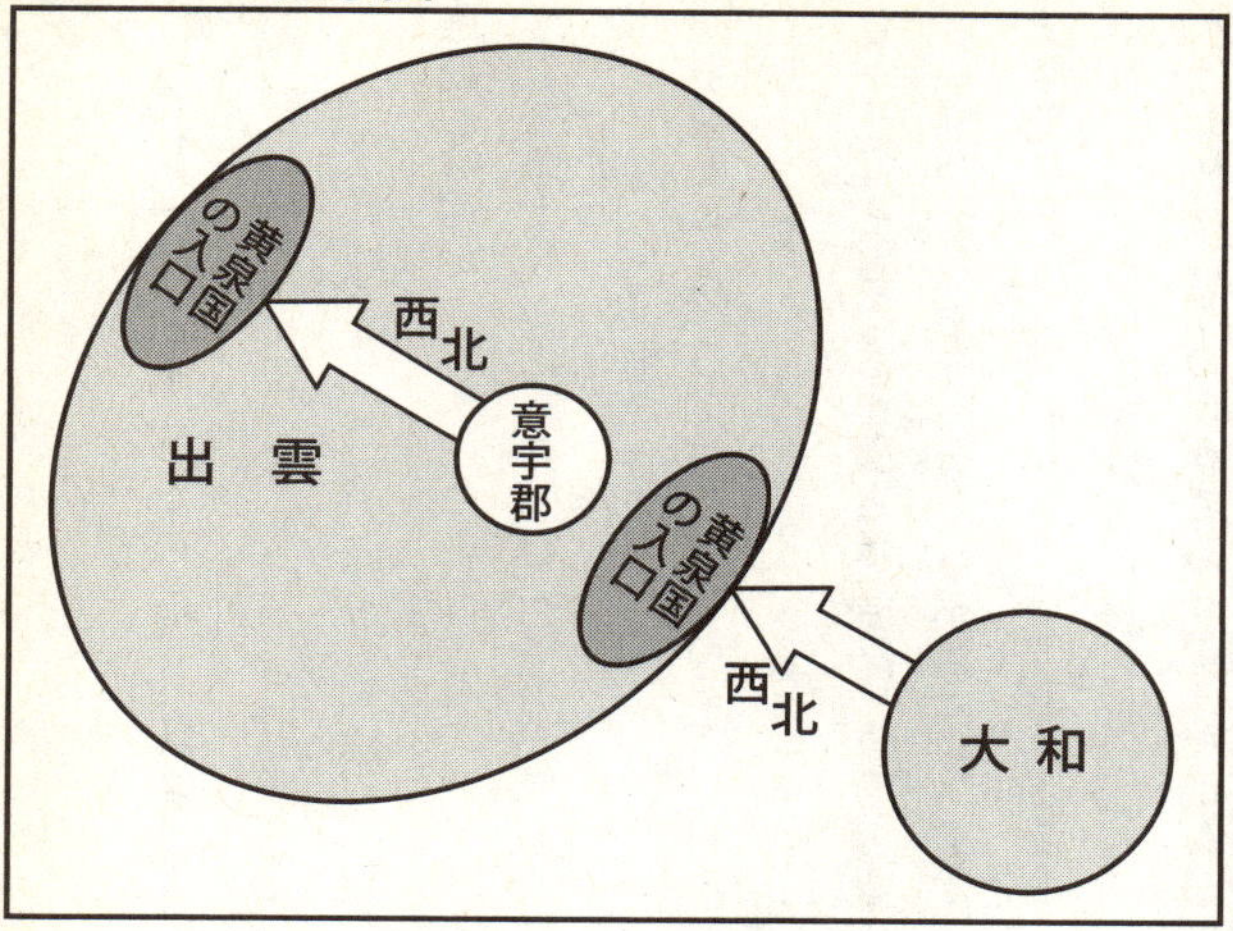

る西北の方角をたどると、ちょうど島根半島の西部の猪目洞窟のあたりに行きつくことになる。

このように考えるならば、黄泉国が出雲国の東部と西部の二つにあっても、なんらおかしくないのではなかろうか。

つまり、『古事記』には、律令政府がおかれた大和国からみた黄泉国観がみられるわけであり、『出雲国風土記』には、出雲国庁のある意宇郡からみた黄泉国観が描かれているということになる。

8 スサノオとヤマトタケルにみる古代人の「正義」の謎

■正義とは何か

誰しも悪よりも正義を好むのは事実であろう。とりわけ日本人は、正義が好きなようで、テレビや映画でも勧善懲悪《かんぜんちょうあく》が基本である。外国では、悪漢がヒーローとなる悪漢小説とよばれるジャンルがあるが、日本ではいまひとつ人気がないように思われる。

しかし、そもそも正義とはどういうものなのか、ということを具体的に示せといわれると困ってしまうのではなかろうか。人によってそれぞれ違いがあるであろうし、歴史学的にいうと時代によって差違があるということにもなる。

それでは、古代における正義とは、一体、どのようなものであったのであろうか。これは素朴な質問のようであるが、なかなか難問である。というのは、まず何よりも史料が少ないということがあげられる上に、それらの史料には、政治・経済・文化といった分野のできごとが記載の大半を占め、正義などのいわば思想的・観念的なことがらについてはほとんどといってよいくらい記されていないからである。

けれども、古代においても人々が生活をし、ものを考え、行動していたことはいうまでもないことであり、そうした古代人の規範として正義は重要な役割をはたしていたであろうことはまちがいない。そして、この古代人の正義に近づく糸口として、スサノオのヤマタノオロチ退治やヤマトタケルの西征伝承は、とても興味深い内容をもっているように思われる。

■スサノオの正義

日本神話の中でヒーローの代表ともいうべきスサノオ、そのスサノオといえば、やはり、ヤマタノオロチ退治ということになろう。頭と尾が八つもある大蛇であるヤマタノオロチにのまれようとしているクシ（イ）ナダヒメを助けるためにオロチ退治をおこなうスサノオの姿はまさに勇者といえよう。神楽などでも演目にこのヤマタノオロチ退治がとりあげられることが多く、そこではスサノオとヤマタノオロチとの激闘がくりひろげられる。しかし、『古事記』『日本書紀』にみられるオロチ退治を読むと、少し違ったスサノオ像が浮かびあがってくる。

『古事記』をみてみよう。スサノオは、クシ(イ)ナダヒメの両親であるアシナヅチ・テナヅチに「八塩折《やしおお》りの酒」、これは何度も醸造をくり返して造った強い酒といわれているが、この酒を用意することを命じる。そして、垣根をめぐらせ、その垣根に八つの門を作り、門毎に桟敷《さじき》を設けてそこに酒船を置かせたのである。もちろん酒船には、八塩折りの酒をいっぱい満たしてオロチがやってくるのを待っていた。するとそこへオロチがやってきて、酒船ごとに頭を垂れてその酒を飲んでしまう。そして、酔ってその場に眠りこんでしまうのである。それをみたスサノオは、持っていた十《と》拳剣《つかのつるぎ》を抜いて、オロチを斬りきざんで殺してしまうことになる。したがって、スサノオは、オロチと正面から対決して、激闘の末に退治したというのとは、少し事情が違うのである。酔いつぶれて眠ってしまっているオロチの首を切り落としていたというのが実情のようである。

それにしても、事前のスサノオの用意周到さには驚かされる。単なる荒ぶる神ではない、計画性というか深慮遠謀さが読みとれる。それに対して、オロチの不用意さには目をおおうものがある。いくら酒を出されたからといって、よくわからないのに飲んだくれて、眠りこんでしまうのは、あまりにも油断がすぎるというか、うかつである。そのようなオロチが殺されるのは当然ということにもなろうが、それでも、スサノオの一連の行動は、ヒーローとしては、何かものたりない感じをもつ人もいるのではなかろうか。しかし、あくまでもスサノオは善であり、オロチは悪なのである。ここに、古代における正義の一端をかいまみることができるのである。

■ヤマトタケルの場合

もう一例、ヤマトタケルの西征をみてみたい。ヤマトタケルは、景行天皇の皇子であり、これまた古代史を代表するヒーローの一人である。もともとヲウスという名であり、兄のオウスとは双子の兄弟である。『日本書紀』では、もう一人、ワカヤマトネコが兄弟となっているが、『古事記』では、さらに、クシツヌワケとカミクシの二人も兄弟となっている。

ヲウスは、子供のときから武勇にすぐれており、ときとしていきすぎることさえあった。それは、兄のオウスを殺害した事件である。

景行天皇は、美濃国のエヒメ・オトヒメ姉妹が大変、美しいときいて妻にしようとして、オウスに使者の役を命じた。ところが、こともあろうに、オウスがエヒメ・オトヒメと通じてしまう。そのせいでオウスは天皇の前に出なくなってしまう。天皇は、ヲウスに朝夕の会食に出席するようさとすようにいいつけるが、五日たってもオウスは出てこない。そこで、天皇はヲウスに確認したところ、すでにさとしたという。どのようにさとしたのかと問うと、オウスが明け方にトイレに入ったとき、捕まえてつかみつぶして手足をひきちぎって投げすてたというのである。天皇はびっくりしてその荒々しい気性を恐れたという。

そのようなことがあり、ヲウスは西方の二人のクマソタケルを討つように命じられる。このときヲウスは十五、六歳であった。クマソタケルの家に着いて様子をみると、厳重な警戒体制がしかれていた。ちょうど新築祝いの宴があるというので、その日を待ち、童女のいで立ちをして、女たちの中に交ってクマソタケルの家へ入りこんだ。するとクマソタケルは女装したヲウスを二人の間に招き寄せ、宴に興じた。そして、宴もたけなわなころをみはからって、ヲウスは懐の剣をぬいて二人のクマソタケルの弟の方を刺しつらぬいた。すると、クマソタケルは、今まで自分たちより強い者に会ったことがなかったが、あなたの方が強いといい、ヤマトタケルという名をたてまつりたいと申しでる。その言葉が終わるとヲウスはクマソタケルにとどめをさしてしまう。そして、これ以後、ヤマトタケルというようになるのである。

クマソタケルを無事、倒したヤマトタケルであるが、『古事記』ではこのあと、イズモタケルを殺害している。この部分は『日本書紀』にはなく、『古事記』にのみある話である。すなわち、ヤマトタケルは出雲に入り、イズモタケルを殺そうと思うのであるが、まず、友となる。そして、ひそかに木刀を作り、それを身につけイズモタ

■ヤマトタケルの系譜

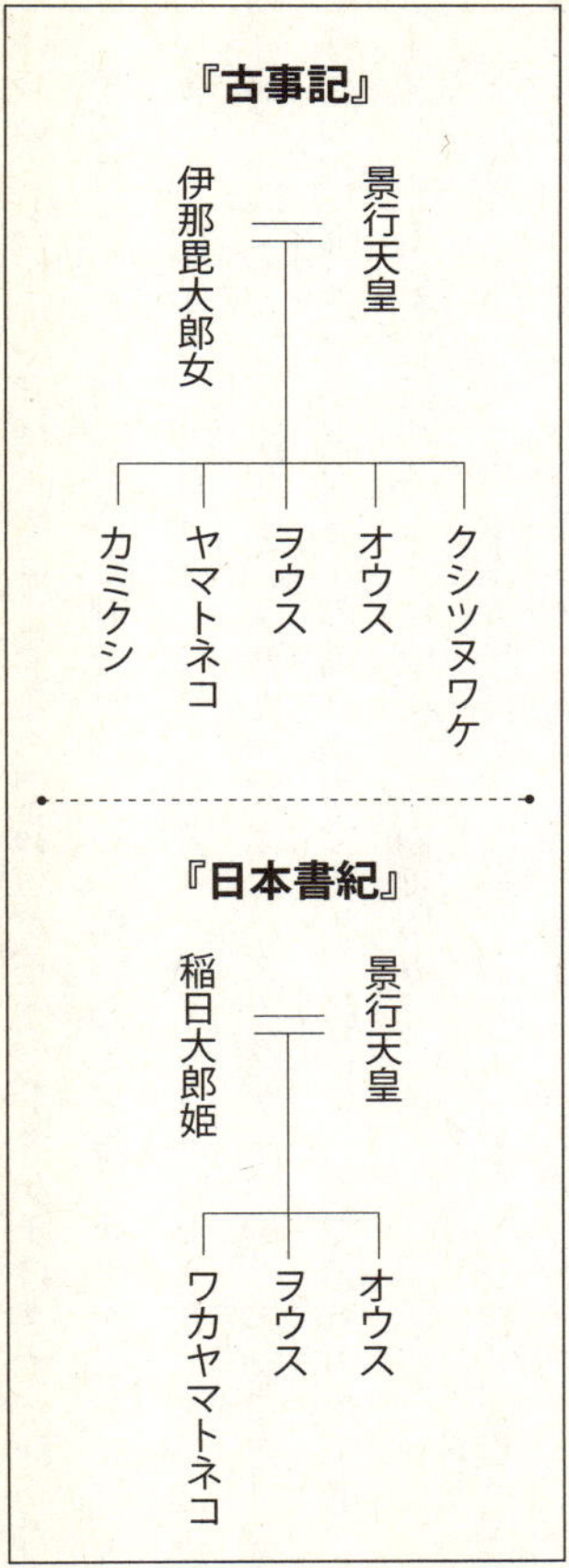

ケルに会い、斐伊《ひい》川で共に水浴びをするのであるが、ヤマトタケルはさっと河から上がり、イズモタケルが持っていた剣を手にとる。驚いたイズモタケルが、あわてて河から上がり、ヤマトタケルの剣をとると、突然、ヤマトタケルは試合をしようと提案する。いうまでもなく、ヤマトタケルが手にしたイズモタケルの剣は本物であり、イズモタケルが持ったヤマトタケルの剣は木刀である。勝負はみえており、ヤマトタケルはイズモタケルを殺害することに成功するのである。

ここで、あらためてヤマトタケルの闘い方をみてみると、クマソタケルを倒すときには、家の警備が厳しいのを知ると、無理に攻め入ることをせず、チャンスをじっと待っている。そして、新築祝いの宴を利用するのであるが、このときも女装してクマソタケルに近づくという作戦を立てている。こうした用意をした上で、宴席で酒が入り油断したクマソタケルを襲うのである。不意をつかれたクマソタケルは、なすすべもなく、ヤマトタケルの強さを賞讃して死んでいくことになる。

イズモタケルを倒すときも、最初から殺害する目的で出雲へ行くのであるが、まず、友好関係を結んでいる。そして、こっそりと木刀を作り、水浴びにつれ出す。その上で、不意をついて剣をすりかえて、イズモタケルを殺すのである。実に計画的というか、手のこんだ倒し方で、単に武勇にすぐれた豪傑というイメージにはほど遠い気がする。

■古代の正義とは

スサノオとヤマトタケルを例にして、古代の正義についてみてみた。両者とも力づくで相手を倒すのではなく、前もって作戦を立て工夫をして敵にいどんでおり、少々、ずるいといってもよいようにさえ思われる。しかし、あくまでもスサノオもヤマトタケルも善であり、正義なのである。あざむかれたオロチやクマソタケル・イズモタケルが悪いのである。

いうまでもなく、スサノオやヤマトタケルの例は古代の一面であり、これをもって古代の正義をいいつくしているとはいえないであろうが、両者にみられる正義もまたまちがいなく古代の正義をあらわしているといえよう。

9　スサノオが退治したヤマタノオロチの正体とは？

■スサノオのヤマタノオロチ退治

『古事記』や『日本書紀』にみられる神話の中で、前述したスサノオのヤマタノオロチ退治の神話は、とりわけ有名なもののひとつである。ヒーローが、怪物からお姫さまを救い、最後はめでたく結ばれるというストーリーは、世界的にも広く分布がみられ、ペルセウス・アンドロメダ型説話という名で呼ばれている。スサノオのヤマタノオロチ退治もそれらのひとつといえるのである。

この神話を『古事記』でみてみると、高天原《たかあまのはら》を追放されたスサノオは、出雲の斐《ひ》伊《い》川の上流の鳥髪《とりかみ》の地に天降る。そのとき、川の上流から箸が流れてくるのをみて、さらに、川をさかのぼると、アシナヅチ・テナヅチという名の国神《くにつかみ》の老夫婦が娘のクシナダヒメと泣いていた。その理由を問いただしたところ、八人の娘がいたが、越《こし》のヤマタノオロチが年毎にやってきて娘を喰らい、とうとう最後のクシナダヒメの番になってしまった。ちょうどオロチがやってくる時期になったので泣いているという返事であった。さらに、スサノオがヤマタノオロチとは、どんなオロチかと聞いたところ、目はホオズキのように赤く、身が一つに頭と尾はそれぞれ八つずつあるという。さらに、オロチの体には、杉の木がはえておりコケまではえていて、長さは八つの谷、八つの丘にまで及ぶほどで腹にはいつも血がただれているというのである。

これらを聞いたスサノオは、オロチ退治とひきかえにクシナダヒメを自分の妻にのぞむ。これに対して、アシナヅチとテナヅチは、スサノオの素姓を問い、アマテラスの弟と知って、娘をさし出すことを承諾する。そこで、スサノオは、クシナダヒメを櫛に変えて髪に挿し、アシナヅチ・テナヅチには強い酒を作ることを命じた。

そして、待っているとヤマタノオロチがやってきて用意されていた酒を飲みほし、酔って眠ってしまう。そこでスサノオは、オロチを切り殺してしまうのであるが、オロチの尾から「都牟刈《つむかり》の大刀」が出てくる。そして、この剣をスサノオは高天原のアマテラスに献上するのである。これが三種の神器のひとつになる草薙《くさなぎ》の大刀に他ならない。

オロチを退治したスサノオは、宮を造るにふさわしい地を求め歩き、須賀《すが》の地に至ってここに宮を造ることに決定する。そして、須賀宮で、

八雲《やくも》立つ　出雲八重垣　妻籠《つまご》みに　八重垣作る　その八重垣を

という歌をよんだとされる。須賀宮の地は、現在の須我神社に比定されており、和歌発祥の地といわれている。

■記・紀とヤマタノオロチ

このスサノオによるヤマタノオロチ退治にみられるヤマタノオロチが一体、何を意味しているのかということについては、いままでもさまざまなことがいわれているが、いまだ定説といえるものはないようである。

たとえば、『古事記』に「高志《こし》」のヤマタノオロチとあることから、オロチとは高志（越）、すなわち北陸の勢力の象徴ととらえ、出雲と北陸との間の武力衝突を神話化したものという説がある。この点に関しては、『出雲国風土記』にも意宇《おう》郡の拝志《はやし》

郷に、ここから「天の下造らしし大神」、すなわちオオクニヌシが越の八口を平定するために出発したという記事があり、同じく意宇郡の母理《もり》郷の長江山の条に、オオクニヌシが越の八口を平定しおえて帰ってきたことが記されている。しかし、『出雲国風土記』の場合、よくみるとわかるように、主人公はスサノオではなくてオオクニヌシである。また、越の八口とあり、ヤマタノオロチとはなっていない。八口というのは、地名かともいわれているが、くわしいことは不明である。つまり、『出雲国風土

上段：須我神社　下段：斐伊川

記』の記事は、ヤマタノオロチを北陸の勢力の象徴とすることに関して、援護射撃になっているようにみえて実は問題も多いといえるのである。

また、ヤマタノオロチを出雲の斐伊川のことと解釈する説も根強い人気があるようにみうけられる。斐伊川は、出雲を代表する大河川であり、洪水を引き起こすいわゆる「暴れ川」である。その暴れ川としての様子やたくさんの支流をもつことなどがヤマタノオロチとイメージが重なるというわけである。たしかに、夏に飛行機で出雲縁結び空港に到着すると、着陸する直前に斐伊川がオロチのようにみえる。川幅広く、しかも大きく蛇行した姿をみせ、しかも、天井川なので川床が上がっていて夏の渇水期にはところどころが砂洲のようになっているので飛行機からながめると、まるで大蛇のようである。

しかし、斐伊川が現在のような天井川になったのは、近世になって特に盛んになる採鉄のための鉄穴《かんな》流しの影響といわれている。むろん、古代から出雲はたたら製鉄が有名であるが、近世以降のたたら製鉄とくらべると規模は比較にならない。したがって、現在みられる斐伊川河口の情景は古代の斐伊川とはずい分と違う、と考えた方がよいであろう。

また、ヤマタノオロチを斐伊川とする説に立つと、それを倒したスサノオは、暴れ川をおさえた神、つまり、治水の神ということになる。このようにとらえると、少し疑問がわいてくる。それは、記・紀神話の中に、どうして出雲の治水の話がぽつんと入り込んでいるのかという点である。スサノオのヤマタノオロチ退治神話の前後をみても、出雲の治水に関連する要素はみあたらない。したがって、ヤマタノオロチを斐伊川にみたてて、スサノオを治水の神ととらえることは、やはり問題があるように思われる。

■ヤマタノオロチは出雲の象徴

では、一体、ヤマタノオロチをどのようにとらえるのがよいのであろうか。この点については、やはり、記・紀神話の構成の中で考えていかなくてはならないであろう。

いま、『古事記』によってヤマタノオロチ退治神話の前後をみてみると、

スサノオの高天原での乱暴
⇩

アマテラスの天の石屋隠れ

⇩

スサノオの出雲への追放

⇩

〔ヤマタノオロチ退治〕

⇩

オオクニヌシのイナバの素兎《しろうさぎ》

⇩

八十神《やそがみ》による迫害

⇩

オオクニヌシの根国《ねのくに》訪問

⇩

オオクニヌシの国譲り

⇩

ニニギの天孫降臨《てんそんこうりん》

ということになる。こうした流れをみても、ヤマタノオロチ退治神話を出雲の治水神話ととらえるのはやはり無理があるように思われる。

そこで、あらためてヤマタノオロチ退治神話を思い出してみよう。スサノオがヤマタノオロチを切り殺す。すると、オロチの尾から剣が出てくる。この剣をスサノオは、わざわざアマテラスに献上しているのである。高天原から追放されたスサノオが、なぜオロチから出た剣をアマテラスに献上しているのであろうか。さらに、ヤマタノオロチ退治神話が世界的にみると、ペルセウス・アンドロメダ型説話に属することはすでにのべたが、このタイプの説でも怪物から剣が出現して、それを誰かに献上するということは例外

■ヤマタノオロチ退治神話の構造

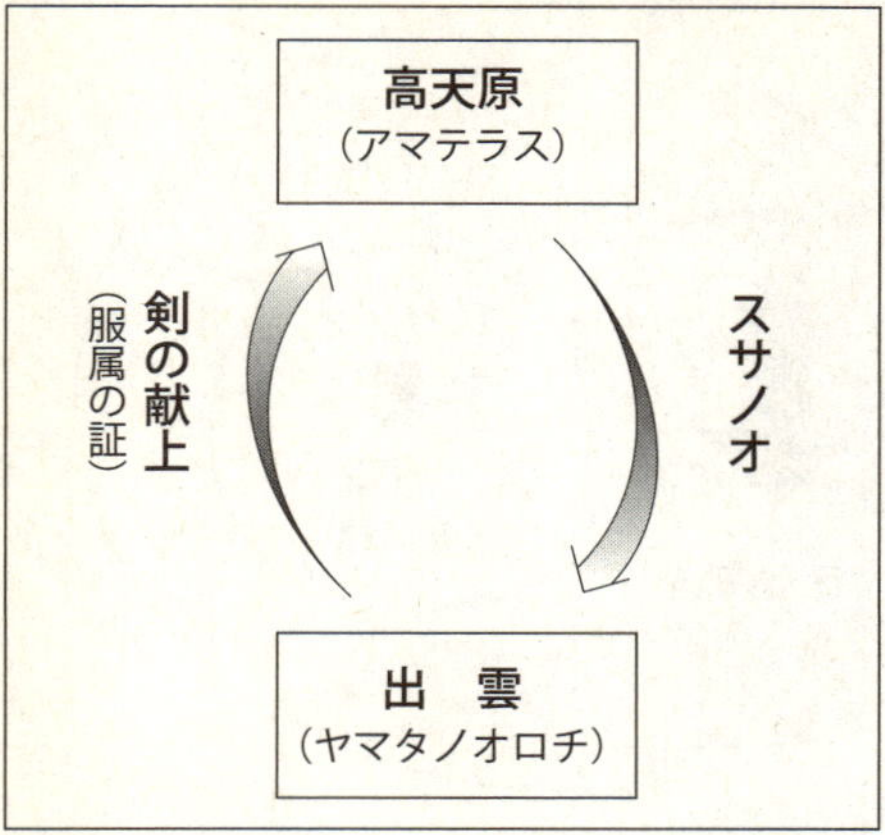

■記・紀神話の国譲り

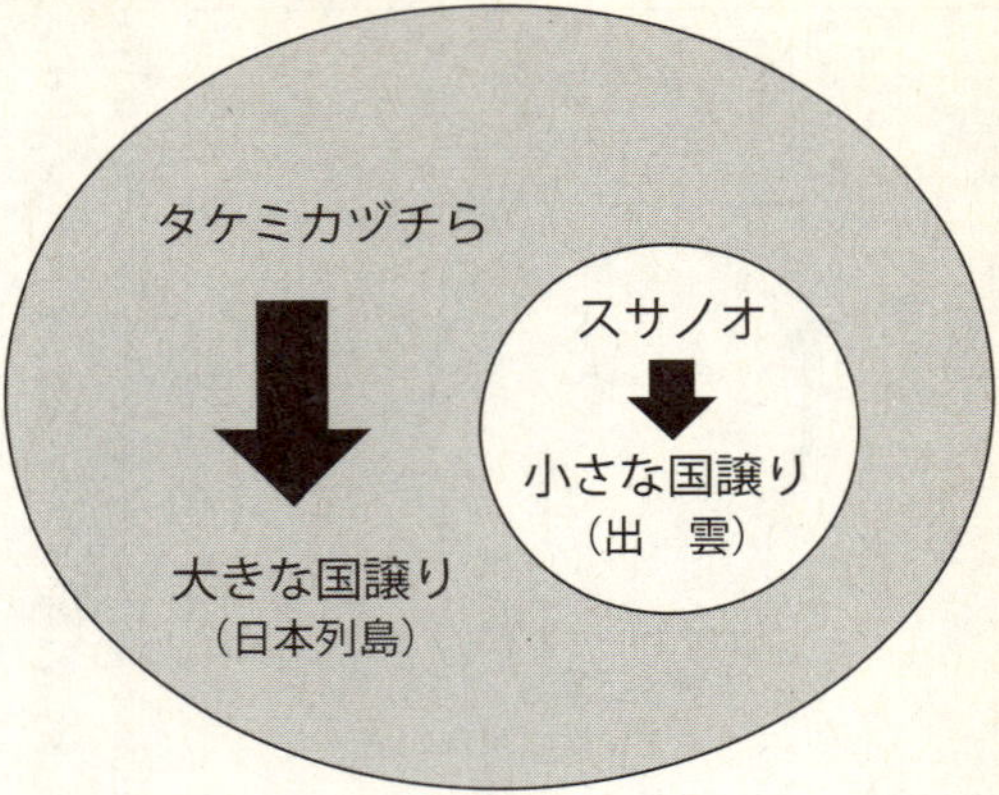

といえる。つまり、オロチからでてきた草薙剣をアマテラスに献上するという部分は、ヤマタノオロチ退治神話独特ということができる。そして、この部分こそがヤマタノオロチ退治神話の眼目なのではなかろうか。

すなわち、高天原から天降ってきたスサノオが出雲を平定し、そのあかしとして出雲の神宝＝剣を高天原へ献上するというものである。

剣はしばしば神宝として扱われ、服属のあかしとしての役割を果たすのに十分である。

まして、たたら製鉄が有名であった出雲にとって、剣の献上は大きな意味をもつと考えられるのである。

このようにのべると、それではのちの国譲りとダブるのではないかといわれるかもしれない。しかし、必ずしもそうではないように思われる。

記・紀神話のメインは、オオクニヌシの国譲り、そして、それに続くニニギの天孫降臨である。しかし、その前、つまり、オオクニヌシ以前の段階で一度、国譲りの出雲版ともいうべき出雲の服属を配置しているのではなかろうか。すなわち、記・紀神話は小さな国譲りをまずおこない、次いで大きな国譲りをおこなうという構造をもっていると考えられる。

10　多くの顔を持つ神オオクニヌシの実像

■多くの顔をもつ神

オオクニヌシは、出雲大社の祭神で、縁結びの神として有名である。日本神話の中でも高天原《たかあまのはら》のアマテラスに対して地上のオオクニヌシという役割を担っていて、代表的な神として位置づけられている。

しかし、オオクニヌシはとても不思議な神でもある。まずオオクニヌシという神名の他にも多くの名前をもっていることに驚かされる。『古事記』をみると、

大国主神。亦《また》の名は大穴牟遅《おおなむち》神と謂《い》ひ、亦の名は葦原色許男《あしはらしこお》神と謂ひ、亦の名は八千矛《やちほこ》神と謂ひ、亦の名は宇都志国玉《うつしくにたま》神と謂ひ、并せて五つの名あり。

と記している。オオクニヌシという名を含めて合わせて五つもよび名があるというのである。しかも、『日本書紀』では、これに加えて、「大物主神《おおものぬし》」「大国玉神《おおくにたま》」という名も記されている。つまり、

☆『古事記』のオオクニヌシの表記
大国主神（オオクニヌシ神）
①大穴牟遅神（オオナムチ神）
②葦原色許男神（アシハラシコオ神）
③八千矛神（ヤチホコ神）
④宇都志国玉神（ウツシクニタマ神）

☆『日本書紀』のオオクニヌシの表記
大国主神（オオクニヌシ神）
①大己貴神（オオナムチ神）
②葦原醜男（アシハラシコオ）

③八千戈神（ヤチホコ神）
④顕国玉神（ウツシクニタマ神）
⑤大物主神（オオモノヌシ神）
⑥大国玉神（オオクニタマ神）

ということになる。

これらの神名のうち、オオクニヌシとオオナムヂ（オオナムチ）とについては、ほぼ同じ意味と考えられる。つまり、オオは美称でクニ・ナは土地の意味、ヌシ（ムヂ・ムチ）は主人をあらわすととらえて良いであろう。ここから、土地神・農耕神・開拓神といったイメージがわいてくる。

また、アシハラシコオという神名は、地上で一番、活力あふれる男神といった意味で、『古事記』の垂仁《すいにん》天皇の段にも登場する他、スセリビメとの結婚や国づくりに関係した神として姿をみせている。

ヤチホコは、文字通り解釈すると八千の矛ということになるが、八千は実数ではなく、たくさんという意味であり、矛も武器一般をいっている。つまり、ここからは偉大な武神といったイメージが感じられる。

ウツシクニタマとオオクニタマにみられるクニタマは、「国魂」であり、世界を象徴する存在ということになろう。

最後にオオモノヌシをみると、神名から解釈すると、オオクニヌシとほぼ同じといえる。大和の大三輪神社の祭神として知られ、オオクニヌシの和魂《にぎみたま》ともいわれる。

このように、オオクニヌシには、多くの神名がみられるわけであり、このことについては、本来、それぞれの神名をもった神々がいて、それらをひとつの神格に統合してオオクニヌシが誕生したと考えられる。

■オオクニヌシとオオナムヂ

オオ……	クニ……	ヌシ
大	土地	主人
オオ……	ナ……	ムヂ（ムチ）

つまり、記・紀神話にみられるオオクニヌシは、多様な神々を統合して一神としたのであるが、そのさい「オオクニヌシ」という名になったということになる。

■『出雲国風土記』の中のオオクニヌシ

みたように、記・紀神話のなかのオオ

クニヌシは実に多様な性格をもっている。ところが、『出雲国風土記』をみると、オオクニヌシのイメージは一変する。『出雲国風土記』の中では、オオクニヌシは「所造天下大神」すなわち、「天の下造らしし大神」と記されるのが一般的であり、他には、

☆『出雲国風土記』のオオクニヌシの表記
所造天下大神（天の下造らしし大神）10例
①所造天下大神命（天の下造らしし大神命）9例
②所造天下大神大穴持命（天の下造らしし大神　オオナモチ命）7例
③所造天下大穴持命（天の下造らししオオナモチ命）1例
④大穴持命（オオナモチ命）1例
⑤大神大穴持命（大神オオナモチ命）1例

といったような表記がみられる。
ここからわかるように、『出雲国風土記』においてオオクニヌシは、基本的には

「天の下造らし大神」と「オオナモチ命」とによって表記されているといってよいであろう。このうち、オオナモチという神名は、オオクニヌシ・オオナムチ（ヂ）と相通じる名称といえよう。

いずれにしても、『出雲国風土記』においてオオクニヌシは、天下を造った大神として認識され、最高神としての扱いを受けているのである。

■出雲の神と神社

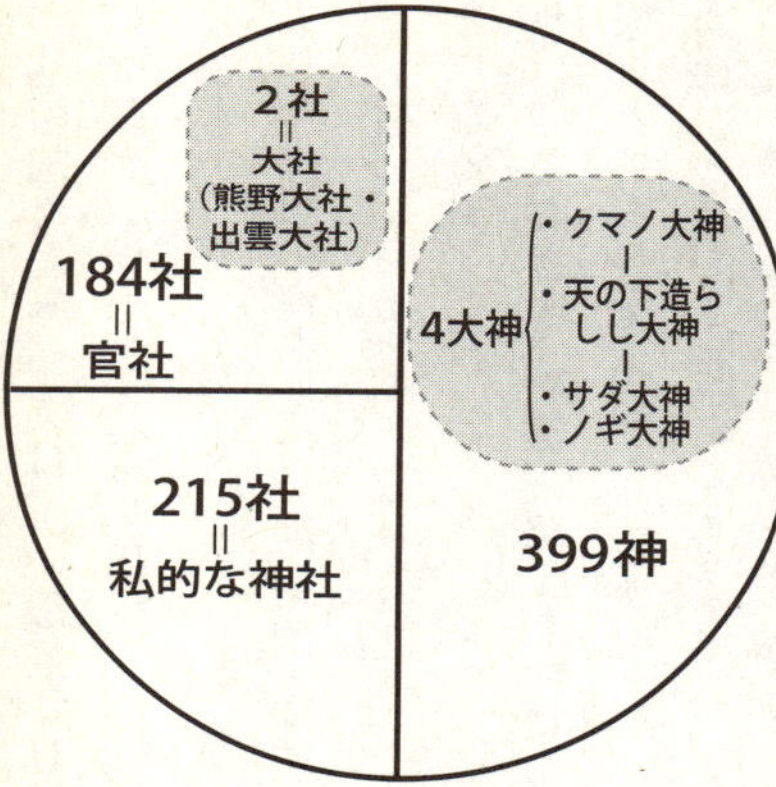

さらに、神社に注目してみてみるならば、『出雲国風土記』には、出雲国内で三九九社あると記載されている。

しかも、これらのうち、一八四社は国家が正式に神社として認めている官社であり、二一五社は私的な神社であるということまで記されている。

こうしたことが『出雲国風土記』が成立した天平五年（七三三）、すなわち八世紀の前半でわかるのは出雲だけである。

その他の国々については、一般的には延長五年（九二七）にまとめられた『延喜《えんぎ》式《しき》』で知るばかりである。しかも、『延喜式』には各国の官社の数しか記されていない。

つまり、出雲の場合には、他の国々にくらべて二世紀も早く所在する神社の数や名称を把握することができ、それも官社に加えて私的な神社まで知ることができるということになる。

それはさておき、『出雲国風土記』にみられる神社に注目するならば、オオクニヌシを祭神とする杵築大社（出雲大社）とクマノ大神を祭神とする熊野大社の二社のみが「大社」と表記されている。

また、神々に目をやるならば、「天の下造らしし大神」とたたえられるオオナモチ、すなわち、オオクニヌシとクマノ・サダ・ノギの四神だけが「大神」とされている。

さらに、『出雲国風土記』に登場する回数を比較すると、クマノ大神が二回、サダ大神が二回、ノギ大神にいたっては一回のみなのに対して、オオクニヌシは自身が主人公として登場するものだけでも二一回を数えることができ、他を圧倒している。

しかし、一方では、オオクニヌシとクマノ大神が一緒に登場する場面では、きまってクマノ大神の方が先に記されている。

このことは、『出雲国風土記』においてオオクニヌシは絶対神のような扱いをされているが、神格としてはクマノ大神の方が上ということをいっているようにも思える。

このように、オオクニヌシは謎の多い神であるが、少なくとも『古事記』と『日本書紀』とでも若干の差違がみられ、さらに、『出雲国風土記』まで視野に入れると大きな相違というか、まったく異なった世界がみえてくるのである。

11　オオクニヌシとヤガミヒメ、ヌナカワヒメをつなぐ奇妙な接点

■縁結びの神オオクニヌシ

オオクニヌシは多くの女神と婚姻関係を結んでいる。いわば恋多き神といえよう。そのことが現在、縁結びの神として信仰されている理由であるともいわれる。たしかにその要素はあるのかもしれないが、恋多きことと縁結びとを直結させるのは、少し短絡的なように思われる。

一般的にいって、東洋・西洋を問わず神は多くの女神と関係をもつのがふつうであるから、恋多き神イコール縁結びの神と考えるならば、ほとんどの神がこれにあてはまり、縁結びの神になってしまうであろう。にもかかわらずことさらオオクニヌシが縁結びの神として信仰されるのは、国譲り神話をへて幽界《ゆうかい》をつかさどる神になったからに他ならない。

幽界の神というと、すぐに死者の世界ととらえる人がいるかもしれないが、あの世とばかり解釈するのは正しいとはいえない。幽界とは、目にみえない世界というべきであろう。目にみえるこの世が顕界《げんかい》であり、それに対して目にみえない世界が幽界ということになる。結婚も含めて、仕事や健康など将来の目にみえない一切のことが幽界なのである。

したがって、オオクニヌシが幽界をとりしきるということは、そうしたさまざまなご縁をとりしきるということに他ならないのである。

■ヤガミヒメとイナバの素兎

とはいえ、オオクニヌシがさまざまな女神に婚姻を申し入れているのは事実である。『古事記』では、オオクニヌシはイナバの素兎《しろうさぎ》の神話から姿をみせるが、実はこの神話はヤガミヒメへの妻問いに端を発している。

イナバの素兎の話は、以前ならば「大きなふくろをかたにけ、大黒さまが来かかると、ここにイナバの素兎、皮をむかれてあかはだか……」という唱歌でおなじみであったが、現在はむしろ知っている人の方が少ないのではなかろうか。

このイナバの素兎の神話は、実は『古事記』にのみ記されているもので、『日本書紀』にはみられない話なのである。話のはじまりは、因幡にヤガミヒメという美しい女神がいることをききつけたオオクニヌシの兄弟神である八十神《やそがみ》がやってくる場面である。そのときオオクニヌシは、八十神の旅行道具をつめた袋をかつがされて従者としてあとからついてきていた。

気多岬までやってきたとき、皮をはがれて裸になった兎がうつぶせになっていた。そこで、八十神は海水をあびて風にあたり、高い山の尾根にいれば治ると兎に教えてやる。そのとおりにした兎は、さらにひどくなり、泣いているところにオオクニヌシがやってくるのである。そして、兎にそんな体になった理由をたずねると、兎は隠岐にいたが、こちらに渡ってこようとしてワニをだましたというのである。

だまし方はこうである。一族の多さを比べようともち出して、ワニを隠岐から気多岬まで並ばせてその数をかぞえながら渡ってきたというのである。そして、渡りきろうとしたときにだましたことを告げると一番はしにいたワニが兎を捕まえてまるはだかにしてしまった。泣きじゃくっていたときに八十神がきて治療法を教えてくれたが、そのとおりにするとさらにひどくなったと告白した。

そこで、オオクニヌシは、真水で体を洗い、がまのはなをしき散らしてその上に寝ころがるように教える。兎がそのとおりにしたところ、体はもとのようになったという。

白兎海岸

そして、その兎が、八十神はヤガミヒメを得ることはできないでしょうといい、袋かつぎをさせられているとはいえ、あなたこそがヤガミヒメと結ばれるでしょうと予言し、実際そのとおりになるのである。

その後、八十神によって二度も命を奪われたオオクニヌシが根《ね》の国へ逃れ、そこでスセリビメと結ばれ、正妻とする。

地上にもどったオオクニヌシは、八十神を追いはらい、国作りに着手するが、ヤガミヒメとも結ばれ子もできる。

オオクニヌシは、ヤガミヒメと子を出雲へ

つれてくるが、スセリビメを恐れたヤガミヒメは、子を木の俣《また》に刺しはさんで自分の故郷に帰ってしまう。

このように、オオクニヌシとヤガミヒメとのロマンスは子をなしながらも悲恋に終わることになるのであるが、その背景には、正妻であるスセリビメの嫉妬があった。スセリビメは根の国でオオクニヌシの強力な助言者として活躍するが、オオクニヌシの正妻としての地上での姿は嫉妬深い女神として描かれている。

■ヌナカワヒメへの求婚

スセリビメの嫉妬がさらにエスカレートしたのが、オオクニヌシのヌナカワヒメへの妻問いである。この話も『古事記』にはみられるが『日本書紀』にはないものである。

ヌナカワヒメは、「高志国の沼河非売」と記されている。このことからもわかるように、北陸の女神ということになる。平安時代に作られた百科辞書である『和名類聚抄《わみょうるいじゅしょう》』に越後国頸城《くびき》郡に沼川郷があることから、このあたり一帯に信仰圏をもつ女神であったといわれている。それを裏づけるものとして式内社《しきないしゃ》の奴奈川《ぬながわ》神社がある。祭神は、もちろんヌナカワヒメ命であり、のちにヤチホコ神（オオクニヌシ）を合祀したとされる。

このあたりには、ヒスイの産地として有名な姫川《ひめかわ》が流れており、ヌナカワヒメはヒスイを象徴した女神とされている。

『古事記』をみると、ヤチホコ、すなわちオオクニヌシがヌナカワヒメのもとへと出雲から通ってくる。そして、ヌナカワヒメに歌を贈るが、それに対してヌナカワヒメは戸を開けることはせず、内側から歌を返す。そして、その日の夜は会うことをせず、翌晩にオオクニヌシを受け入れたのである。

こうしたオオクニヌシの行動を知ったスセリビメは嫉妬に燃えくるうことになる。ほとほと困りはてたオオクニヌシは、意を決して出雲から大和へとのがれようとするのであるが、その時、スセリビメが態度をあらためたので両神は仲なおりをしたとある。

■オオクニヌシの妻問いの意味

ヤガミヒメやヌナカワヒメへのオオクニヌシの妻問いを表面的によみとると、オオ

西谷墳墓群二号基（四隅突出型墓）

クニヌシの冒険ロマンのようにもみえ、スセリビメという正妻がありながら何とオオクニヌシは恋多い神なのだろうという印象を与える。しかし、オオクニヌシの一連の婚姻譚には、政治的・経済的な意味も隠されているように思われる。

オオクニヌシの出雲、ヤガミヒメの因幡《いなば》、ヌナカワヒメの越《こし》（北陸）、これらはいずれも日本海沿岸の地域であり、対馬海流によって結ばれているエリアということができる。したがって、対馬海流を媒介とした交流がこれらの地域の間にあっても不思議ではない。

その例として、四隅突出型《よすみとっしゅつがた》（墳丘）墓《ぼ》をあげることができる。四隅突出型墓は、弥生時代の墓であり、のちの方墳の四つのコーナーがでっぱった形をしている。いわば、ざぶとんの四隅をでっぱらしたような形である。このユニークな形の墓は、出雲を起点に、日本海を北上して北陸の富山県まで分布がみられる。これらの事実から、弥生時代に出雲を中心に独特の四隅突出型墓を共通の墓として用いる政治的な共同体があったとみる説もある。

こうした四隅突出型墓の問題はひとまずおくとしても、日本海を舞台とした交流は早くからあったと考えてよいであろう。

そして、オオクニヌシの妻問い神話もこうした交流を反映したものととらえることは十分に可能性のあることであろう。

12　国譲り神話の舞台をめぐる不思議とは？

■記・紀神話のハイライト

『古事記』や『日本書紀』にみられる神話を記・紀神話というが、記・紀神話は天皇家の日本列島支配を正統化するために体系的に作られた神話である。したがって、初めにみられる天地開闢《てんちかいびゃく》から始まってウミサチヒコ・ヤマサチヒコを経て、初代天皇とされる神武にいたるまで、編纂者は明確な意図をもって記・紀神話をまとめているといってよいのである。

記・紀神話は、質も量も豊富であるが、それらの中でも、最も重要な場面は、国譲《くにゆず》り神話とそれに続く天孫降臨《てんそんこうりん》神話といえる。この場面は、オオクニヌシ神が作りあげた葦原中国《あしはらなかつくに》、すなわち日本列島を高天原《たかあまのはら》のアマテラス大神に譲りわたし、それをうけて高天原からアマテラス大神の孫であるニニギ命が天降ってくるというものである。

そして、ニニギ命の子孫が神武天皇になっていくわけであり、このことはとりもなおさず、天皇家が神代から日本列島の支配者であるといっていることに他ならない。

こうしたことからも明らかなように、国譲り神話・天孫降臨神話は、記・紀神話の中核をなす神話といってさしつかえないのである。

■国譲り神話の内容

それでは、国譲り神話とは、一体、どのような神話なのか、具体的にみてみよう。『古事記』と『日本書紀』とでは、細部においては相違がみられるが、大筋は同じといってよいであろう。

いま『古事記』によって、その内容をみていくならば、最初に、アマテラス大神が日本列島は、自分の子であるアメノオシホミミ命が支配する国であると宣言する。そこで、アメノオシホミミ命が、高天原と地上の間にある天の浮橋に立ってみたところ、地上は大変、騒がしい様子で天降りなどできそうもない所であるといって、高天原へもどり、そのことをアマテラス大神に報告した。

そうした地上への対応策をはかるため、タカミムスヒ神がアマテラス大神の命をうけて、天の安の河原に八百万の神を集めて神議することになる。その結果、アメノホヒ神が地上へ派遣されることになるが、この神はオオクニヌシ神に従ってしまい、三年間、高天原へ復奏してなかった。

高天原ではしびれをきらして、二番手として、どの神を遣わそうかということになり、アメノワカヒコがよいということになる。

しかし、アメノワカヒコもオオクニヌシ神の娘であるシタテルヒメをめとり、八年もの間、連絡してこなかった。

そこで、高天原側はナキメという名の雉《きじ》をやって様子をみることにしたところ、ナキメはアメノワカヒコによって射殺されてしまう。さらに、ナキメを貫いた矢は天の安の河原にまで到達することになる。

そこで、タカミムスヒ神が、その矢をとって、地上に向かって投げ返したところ、アメノワカヒコの胸に当たって死んでしまう。

このことをうけてアマテラス大神は、次にどの神を派遣したら良いかとはかったところ、タケミカヅチ神にアメノトリフネ神をそえて遣わそうということになる。

二神は、出雲の稲佐浜に天降りしてオオクニヌシ神に国譲りを迫ったところ、オオクニヌシは、自分の子であるコトシロヌシ神に諾否をゆだねてしまう。

このとき、コトシロヌシ神は、島根半島の東端にあたる美保に行っていたため、アメノトリフネをやって呼び戻し、国譲りの諾否を迫ったところ、即座に賛成して、自らは海中に隠れてしまう。

出雲大社拝殿

国譲り神話の舞台となった稲佐浜

すると、今度はもう一柱の子であるタケミナカタ神が登場する。この神はコトシロヌシ神と違って、人の国にきてこそこそ話をしているのは誰だといい放ち、力くらべをしようといい出す。

そして、タケミカヅチ神の手をとったところ、その手は氷柱に変化し、さらに剣の刀に変わった。タケミナカタ神はびっくりして尻込みをしてしまう。するとタケミカヅチ神は、逆にタケミナカタ神の手をとってやすやすとこれを投げ飛ばしてしまった。思わずタケミナカタ神は逃げ出し、ついに信濃の諏訪湖で殺されようとしたとき、命ごいをしてタケミカヅチ神に服従を誓うことになる。

タケミカヅチ神は出雲にもどり、オオクニヌシ神に子神たちが国譲りに応じたことをのべ、再度、国譲りを迫ったところ、さすがのオオクニヌシ神も国譲りに同意して、自分は出雲大社に鎮座することになる。

■もう一つの国譲り神話

『古事記』の国譲りを順を追ってみてきた。これが、一般にいう国譲り神話である。

ところが、『古事記』と同じく奈良時代の前半に編纂された『出雲国風土記』には、

■ふたつの国譲り

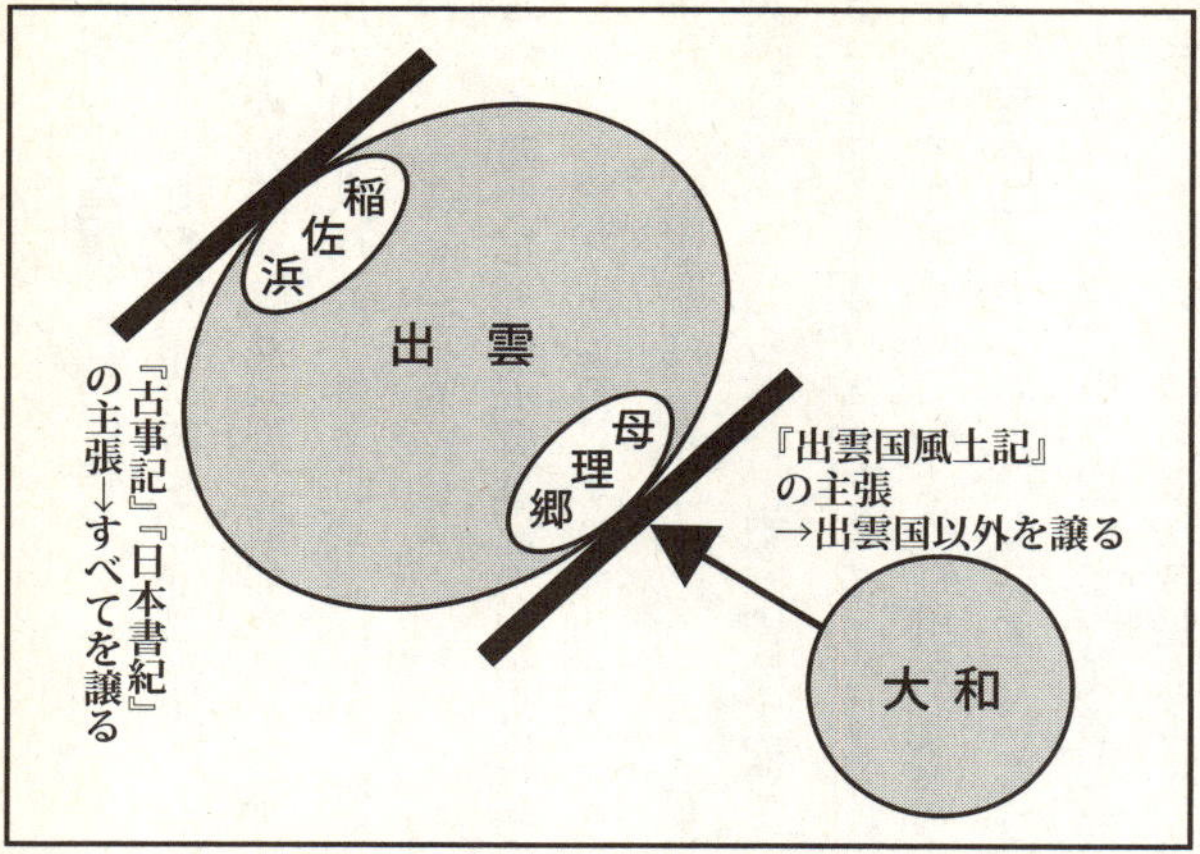

これとは少し異なった国譲り神話が記されている。

それは、意宇《おう》郡の母理《もり》郷にみられる神話で、オオクニヌシ神が越の八口を平定して帰ってきたとき、長江山まできて、「私が造って支配している国は天孫に献上しましょう。ただ、出雲国だけは、私の国として守ることにします」といったというのである。

オオクニヌシ神が自分の国を天孫に譲ろうというのであるから、まちがいなく国譲り神話といってよいであろう。神話的にもさほど分量のある話ではないが、この神話の中には、興味深いことがいくつも含まれている。

■ふたつの国譲り神話の相違点

まず、場所の問題である。『古事記』の場合、タケミカヅチ神とアメノトリフネ神は、稲佐浜に天降りして、オオクニヌシ神と国譲りの交渉をおこなう。この稲佐浜は、現在の出雲大社からほど近い海岸のこととされている。つまり、神話の舞台は出雲の西部ということになる。

これに対して、母理郷は出雲の東部に位置している。したがって、『古事記』の舞台とは、まったく正反対ということになる。

また、『古事記』では、オオクニヌシ神は葦原中国、すなわち地上のすべての地域を天孫に譲っているが、『出雲国風土記』では、出雲は国譲りの対象外とされ、オオクニヌシ神が支配する地域になっている。

これらの相違点をどのように解釈したらよいのであろうか。この点については、いまだに定説といったものはないようにみうけられるが、高天原と出雲という視点のうち、高天原を大和に置き換えて考えるとわかりやすいのではなかろうか。

つまり、大和からの国譲りの要求に対して、記・紀の場合には、出雲も含めて、すべて献上しますというのであるから、大和からみて出雲の西部にあたる稲佐浜で国譲りがおこなわれるのである。

これに対して、『出雲国風土記』では、出雲だけは譲りませんというのであるから、大和からみて出雲の入口、つまり東部で国譲りが展開されるのである。

このようにとらえると、国譲りの舞台が一見すると二か所もあって不思議にみえるが、実は、ちゃんと必然性があることがわかるのではなかろうか。

13 『古事記』だけに登場するタケミナカタはどこの神か

■記・紀の国譲り

記・紀神話のクライマックスともいうべき国譲り神話は、『古事記』も『日本書紀』もほぼ同様である。しかし、タケミナカタの部分は、『古事記』にのみ記されており、『日本書紀』にはまったくみられない。

前項でも触れたが、高天原からの国譲り交渉の使者が二回にわたってうまくいかず、三度目としてタケミカヅチにアメノトリフネをつけて派遣した場面である。オオクニヌシは、国譲りの是非《ぜひ》を子にゆだねてしまう。そこで、まず、コトシロヌシがよび出される。コトシロヌシは、「エビスさん」として親しまれているが、この神は、あっさり国譲りに同意してしまう。『日本書紀』では、それならばということでオオクニヌシも国譲りに応じることになるのであるが、『古事記』では、もう一人の子であるタケミナカタにも聞いてくれということになる。

そうしたやりとりをしている最中に、タケミナカタが千人引きの石を手にしてやってきて、一体どこの誰が私の国にやってきて、こそこそ話をしているのか、といい放ち、さらに力競べで決着をつけようではないかといい出す。そして、まず、私がその手をつかむぞといって、タケミナカタはタケミカヅチに挑みかかるのである。ところが、タケミカヅチの手をとると、不思議なことにその手は氷に変化し、さらに剣の刃に変わった。タケミナカタは、そうした変化にびっくりし、思わずあとずさりしてしまう。すると今度は、タケミカヅチが、タケミナカタの手をとって、まるで若い葦をつかむように簡単に軽々と投げ飛ばしてしまった。タケミナカタは、あわてて逃げ出すしかなかった。

しかし、タケミカヅチは許さず、そのあとを追いかけ、ついに信濃の「州羽《すわ》の海」でタケミナカタに迫って殺そうとした。タケミナカタは、殺さないようにと命ごいをして、この地から決して他所へ出ないことを誓い、オオクニヌシやコトシロヌシにさからわず国譲りにも同意することをのべることになる。

この結果、オオクニヌシもついに国譲りに応じるのである。『古事記』の中のタケミナカタをみると、オオクニヌシの子、つまり、出雲系の神として姿をみせ、しかも、同じ子であるコトシロヌシと比較すると、気性の激しい荒ぶる神として描かれている。そして、みたように大言壮語したあげく、同じく武を誇るタケミカヅチの前にいともたやすく敗れ去ってしまっている。どこか、父のオオクニヌシや兄弟のコトシロヌシとは異質な印象を受ける。

そもそも、国譲りの要求に対して、出雲側の対応は、外交的というか武力を用いずに引きのばし作戦をとっている。高天原からの最初の交渉担当者であるアメノホヒの場合、具体的にどのようなことをしたかはわからないが、アメノホヒは結局、オオクニヌシに従ってしまい、三年間、高天原へ復奏しなかった。次に派遣されたアメノワカヒコに対しては、オオクニヌシは娘のシタテルヒメを妻にさし出している。その結果、アメノワカヒコは自分が地上の支配者になろうと思うようになり、八年もの間、高天原に復奏をしなかった。

これらのことは、とりもなおさずオオクニヌシによる巧みな懐柔策が成功したといえよう。そして、三度目の使者であるタケミカヅチ・アメノトリフネに対しては、オオクニヌシは自ら諾否をいわずに子供にまかせるといって、いわば引きのばし作戦をとるのである。オオクニヌシは、なかなか老練という感じを受ける。それに対して、タケミナカタはあまりにも短気という感じである。記・紀の国譲り神話において、タケミナカタはそういう役回りなのだといってしまえばそれまでであるが、何かオオクニヌシ、そして、コトシロヌシとは違った印象を受けるのである。

■タケミナカタはどこの神か

それならば、タケミナカタをどのようにとらえるのが良いであろうか。現在、タケミナカタは、諏訪の神として知られ、諏訪大社の祭神となっている。出雲（島根県）と信濃（長野県）とでは距離もずい分と離れており、一見すると両者の間には関係はないように思われる。したがって、長野県の人たちにしてみれば、なぜ自分たちのところの神が、『古事記』ではオオクニヌシの子となり、しかも、タケミカヅチとの力競べに負けて諏訪に逃げてこなくてはならないのか不思議に思うのではなかろうか。

実際のところ、オオクニヌシとタケミナカタの親子関係がみられるのは『古事記』くらいである。たとえば、『出雲国風土記』にも両神の関連性はみられない。こうしたことからも、タケミナカタは、元来、諏訪の神と考えるのが正しいように思われる。

それならばなおさら、『古事記』の国譲り神話で、オオクニヌシとタケミナカタとが親子関係になっていることの理由が気になる。このことを明快に解決することはなかなか難しいが、出雲文化の東国への伝播という面から考えてみるのも面白いのではと思う。たとえば、神祇信仰を例にしてみても、古代の東国には出雲との関連があげられる。

そのひとつに、出雲乃伊波比《いずものいわい》神社がある。この神社はその名称から出雲との関連をうかがうことができる。しかも、その歴史は古く、武蔵国の式内社に名をつらねている。つまり、延長五年（九二七）に成立した『延喜式』に、すでに官社として名を記されているわけであり、その創建は当然のことながらそれ以前にさかのぼると考えてよいであろう。

また、出雲と関係のある式内社ということでは、氷川《ひかわ》神社があげられる。現在の埼玉県さいたま市にあるこの神社は、かつては武蔵国の一宮として信仰された古社である。そもそも氷川神社という社名の神社は、東国に特有の神社といわれ、社名の由来は明かではないが、「簸川」とする説がある。簸川とは、すなわち、出雲の斐伊川のことであり、この点からも出雲との関係がみえてくる。

現在、さいたま市の氷川神社は、スサノオ・オオナムチ・イナダヒメの三神を祭神としている。これらのことがらが、古代において、出雲から東国へ伝わったものとするならば、当然のことながら、伝わったルートがあるはずである。このように考えて、日本海を媒介としてあったであろう出雲と北陸との交流を利用するならば、北陸から南下して信濃へ達するルートを想定することはできないであろうか。そして、そこから古代の東山道を使えば東国へとたどりつくことができるのである。こうしたルートを考えるならば、一見すると遠くへだたってみえる出雲と東国とがつながってこよう。

そして、信濃はこのルートの途中にあるのである。このようなことから、出雲と信濃との間にも関係が生まれ、信濃の神であるタケミナカタがオオクニヌシの子としてとりこまれ『古事記』の国譲りに姿をみせることになったと推測することもできるのではなかろうか。

14 天孫降臨を命じた神がアマテラスでなければならなかった理由

■天孫降臨神話の役割

記・紀神話は、冒頭の天地開闢《てんちかいびゃく》から始まって、個々の神話がきちんと意図をもって体系的に配置されている。体系神話といわれる由縁である。では、その意図は何かというと、天皇家の日本列島支配を神話の面から肯定するということに他ならない。したがって、ハイライトは、国譲りの場面から天孫降臨《てんそんこうりん》にかけてといえる。天孫降臨において、高天原からアマテラスの孫であるニニギが降りてきて地上を支配し、その子孫が天皇になっていくという系譜が始まるのである。

したがって、高天原を主宰するのは、アマテラスでなくてはおかしいことになる。事実、三貴子《きし》（アマテラス・ツクヨミ・スサノオ）の誕生の場面で、イザナキは、高天原を支配するのはアマテラスとしている。こうしたことから、高天原の主宰神はアマテラスと思うのが一般的であろう。しかし、『古事記』や『日本書紀』を具体的にひとつひとつみていくと、天孫降臨を司令する神としては、アマテラスの他にタカミムスヒもいることに気がつく。

というよりも、頻度的にみるとアマテラスよりもむしろタカミムスヒの方が高いといえるのである。この点からいうならば、高天原の主宰神は、タカミムスヒとした方がよいようにも思われるくらいである。

アマテラスは、三貴子の一神であり、しかも、三貴子の中でも一番、神格が高い。一方、タカミムスヒはというと、『古事記』では最初の天地開闢、すなわち天地のはじまりの場面で、アメノミナカヌシに次いで二番目に姿をみせる神となっている。この点について、『日本書紀』をみると、やはり、天地開闢のところで第四の一書として、はじめに生じた神はクニノトコタチであり、次にクニノサツチとし、続けて、アメノミナカヌシ、タカミムスヒ、カミムスヒが順に誕生したとしている。このことからも、タカミムスヒは神々の中できわめて早い時期に生まれており、神格も高いと思われる。

また、『日本書紀』の顕宗《けんぞう》天皇三年二月一日条は興味をひかれる記載がみられる。

それは、阿閉臣事代《あえのおみことしろ》という人物が天皇の命を受けて、朝鮮半島の「任那《みまな》」へ出むいたときのこととされる。このとき、月神が人にかかって、

我が祖、高皇産霊《たかみむすひのみこと》、預《そ》ひて天地を鎔《あ》ひ造《いた》せる功有します。民地を以て、我が月神に奉れ。若し請の依に我に献れば、福慶あらむとのたまふ。

といったとある。ここでは、月神が「我が祖高皇産霊」といっており、タカミムスヒは月神の祖ということになっている。

さらに、同じ顕宗天皇三年四月五日条をみると、今度は日神が人にかかって、阿閉臣事代に、

磐余《いわれ》の田を以て、我が祖高皇産霊に献れとのたまふ。

と語ったという。今度は、日神の祖になっている。つまり、タカミムスヒは、日神・月神の祖とされているわけであり、これらからは、タカミムスヒは皇祖神として

認められていたと読みとることもできる。とするならば、皇祖神としてアマテラスと同時にタカミムスヒも考えることができることになる。

■皇祖神はアマテラスか、タカミムスヒか

皇祖神として、アマテラスとタカミムスヒの二神を想定することが可能であることがわかったが、それでは一体、どちらが天皇家の祖である皇祖神なのか、具体的に天孫降臨神話をみてみよう。

■ニニギの系譜

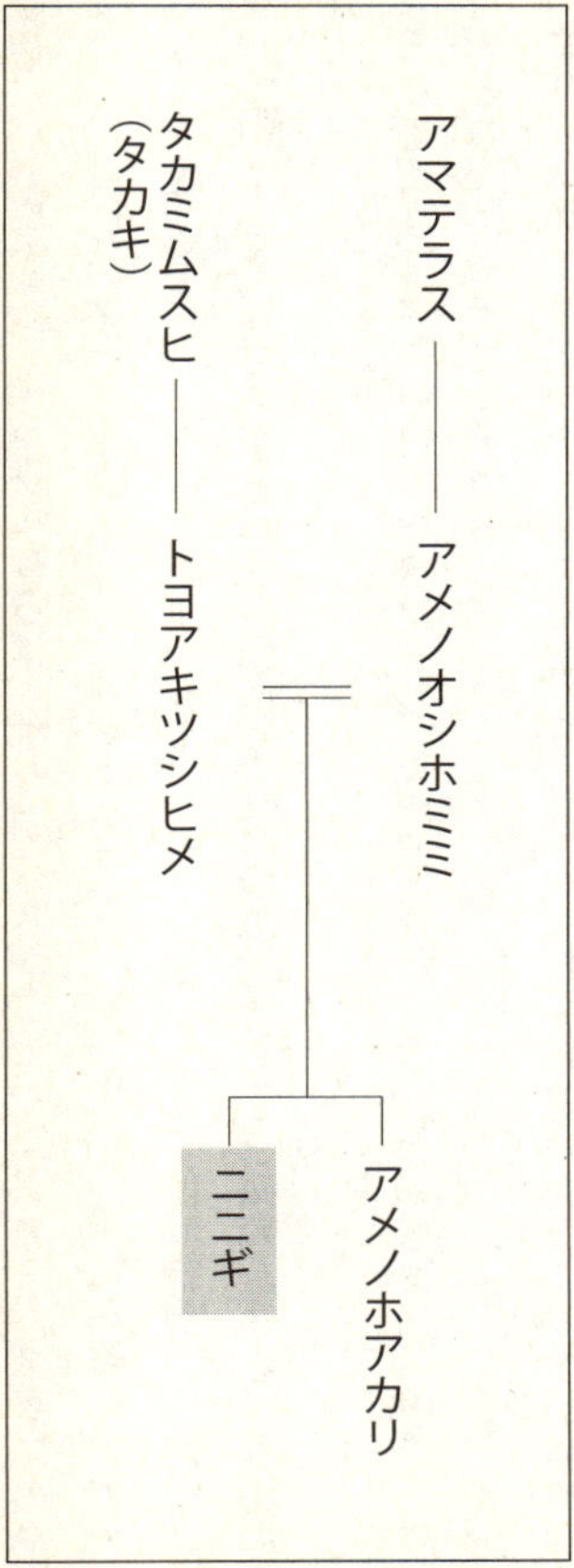

最初に、『古事記』からみるならば、アマテラスがタカキ（タカミムスヒ）の命令を受けて、自分の子で太子のアメノオシホミミに、葦原中国の平定が終わったので、降臨して支配するようにと命じる。すると、アメノオシホミミは、降臨するための準備をしているときにニニギという子が生まれたので、この子を降臨させるべきであると申し出る。

ここに登場するニニギは、アメノオシホミミとタカミムスヒの娘であるトヨアキツシヒメとの間に生まれた子である。

つまり、ニニギはアマテラスの系統とタカミムスヒの系統の両方につながっているというか、双方を統合した神ということになる。

次いで、『日本書紀』に目を移すと、第九段の本文では、アマテラスの子のアメノオシホミミがタカミムスヒの娘のタクハタチヂヒメを妻としてニニギを生んだと記したあと、

皇祖高皇産霊尊、特に憐愛を鍾《あつ》めて、崇めて養《ひだ》したまふ。

とあって、タカミムスヒを皇祖としている。

『日本書紀』の第九段には、この本文の他に、八つの伝承、すなわち「一書《あるふみ》」が載せられている。それぞれの一書の要点をみるならば、

①第一の一書⇩アマテラスが降臨の指令をおこなっている。
②第二の一書⇩タカミムスヒとアマテラスの両神が司令神となっている。
③第三の一書⇩司令神を明記していない。
④第四の一書⇩タカミムスヒが降臨を命じている。
⑤第五の一書⇩司令神は登場しない。
⑥第六の一書⇩タカミムスヒが司令神。
⑦第七の一書⇩司令神の記述はみられない。
⑧第八の一書⇩司令神の記述はみられない。

となる。

これらの記述をふまえて、今度は『古事記』と『日本書紀』とを全体的にながめて、

降臨を命じる神を中心にしてグループ化するならば、

（Ⅰ）タカミムスヒが司令神である。
⇩『日本書紀』本文
⇩『日本書紀』第四の一書
⇩『日本書紀』第六の一書

（Ⅱ）アマテラスが司令神である。
⇩『日本書紀』第一の一書

（Ⅲ）タカミムスヒとアマテラスが共に司令神である。
⇩『日本書紀』第二の一書

（Ⅳ）アマテラスがタカミムスヒの命を受けて降臨を指令する。
⇩『古事記』

となる。

記・紀神話が天孫降臨をハイライトにしているということを具体的にいうと、高天原のアマテラスの命を受けた天孫ニニギが地上に降臨し、支配者として君臨して子孫の初代天皇である神武に続いていくという点を強調するということである。つまり、天孫降臨のさいの高天原の司令神はアマテラスでなければならない。したがって、アマテラスが司令神である形を完成形としてとらえて、(Ⅰ)から(Ⅳ)までをあらためてみなおすと、(Ⅰ)から(Ⅳ)、そして、(Ⅲ)へ移り、最後は(Ⅱ)となるという変化を想定することが自然ではなかろうか。すなわち、天孫降臨のさいの司令神は、はじめタカミムスヒであった。それがアマテラスを考慮して、タカミムスヒの命を受けてアマテラスが指令を出すようになる。さらに、アマテラスの立場が強まると、タカミムスヒと共にアマテラスも司令神となる。そして、

■指令神の変化

タカミムスミ神…→指令

⇦

タカミムスヒ神─(命令)→アマテラス大神…→指令

⇦

［タカミムスヒ神／アマテラス大神］…→指令

⇦

アマテラス大神…→指令

最後はアマテラスのみが司令神となって完成形に至るという経過が考えられる。

つまり、天孫降臨のさいの司令神は、はじめからアマテラスであったのではなくて、タカミムスヒからアマテラスへと変化していると考えることができるのである。

■皇祖神の転換をめぐって

それでは、このような司令神の変化は、いつどのような理由でおきたのであろうか。このことについては、なかなか難しい問題であるが、従来いわれていることは、天《てん》武《む》・持統《じとう》朝のあたり、すなわち七世紀の後半に大きな変化があったのではなかろうかということである。

その理由としては、天武・持統朝における神祇《じんぎ》制度の整備・改革があげられ、直接的には、持統およびその後の皇位継承が天孫降臨神話と類似していることがいわれている。

特に皇位の継承については、考えなければならない問題といえる。天武が崩御したのち、皇后の持統は称制《しょうせい》という立場で政治をおこなった。しかし、三年後に皇太子であった草壁《くさかべ》が没すると、自ら即位することになる。そして、持統十一年（六九七）

に草壁の子である文武《もんむ》を皇太子に立て、その半年後に譲位した。つまり、祖母から孫への天皇位の継承ということになる。これは、アマテラス（祖母）の命でニニギ（孫）が地上へ降りる天孫降臨と同じパターンである。持統にとって、夫の天武のあとは二人の子である草壁を皇位につけたかった。しかし、草壁が亡くなってからは、草壁の子の文武、つまり、持統の孫を即位させようとした。こうした持統から文武への皇位継承を正統化するために形成されたのがアマテラスの命によって孫のニニギが降臨するという形をとる天孫降臨神話に他ならないのである。そのため、それまでは皇祖神としての役割を担っていたタカミムスヒは、その地位をアマテラスに譲りわたすことになったとされるのである。このように考えてよいとするならば、皇祖神の交代が起きるのは、七世紀の後半から八世紀の前半くらいの時期ということがいえるのである。

■天孫降臨と７世紀末の皇位継承の比較

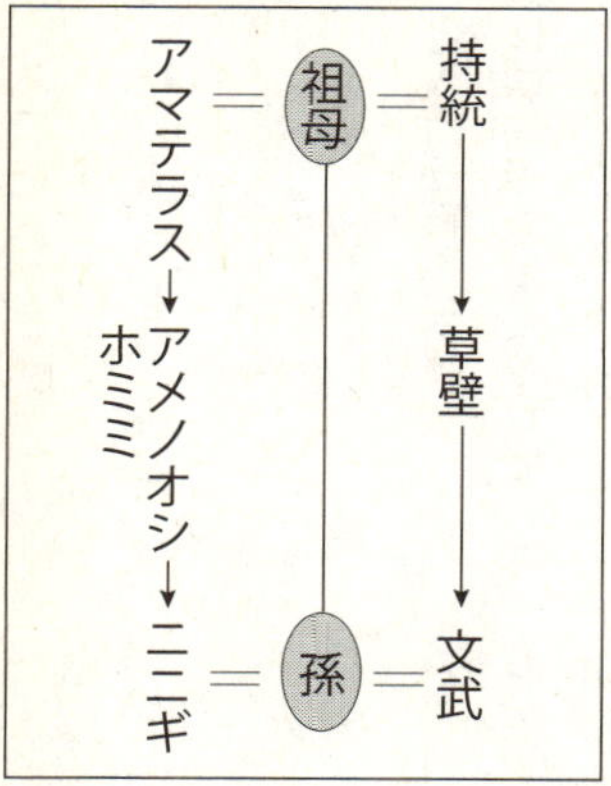

15 神代と人代を結ぶ神武天皇が持つ「役割」とは？

■神代と人代を結ぶ天皇

神武は初代の天皇とされているにもかかわらず、具体的にみていくと、謎の多い天皇でもある。『古事記』でいうと、上巻が神代《かみよ》にあてられており、中巻が神武天皇からスタートする構成になっている。『日本書紀』は巻一と巻二が神代であり、巻三が神武から始まっている。このことからも、記・紀での神武の位置は何か特別なように思われる。とくに『古事記』の場合には、そのことが強く感じられる。このようにいうと初代天皇なのだから当たり前のことではないかといわれそうであるが、記・紀の編纂者たちには、単に初代ということの他に思惑があったように思われる。

たとえば、神武の出自をみてみよう。神武は、その名をヒコホホデミといい、ウガヤフキアエズと海神の娘であるタマヨリビメとの間の子である。つまり、神武の両親は神ということになる。また、ヒコホホデミという名は、神武の祖父にあたるヤマサチヒコの名前と一緒なのである。つまり、ヤマサチヒコと海神の娘であるトヨタマビメとの間に生まれたのがウガヤフキアエズであり、そのウガヤフキアエズとトヨタマビメの妹であるタマヨリビメとの間にできたのが神武ということになる。このことからもわかるように、神武をめぐる系図はかなり複雑に入り組んでいるのである。

こうしたことの背景には、まさに、初代天皇という神武が担っている役割があるという指摘がなされている。すなわち、神武以前は神々の世界であったわけであり、それが神武のところから、人間世界の話になるわけである。つまり、神武は人間であると同時に、神と人とを結びつける役割をもっているということになろう。言

■神武天皇の出自

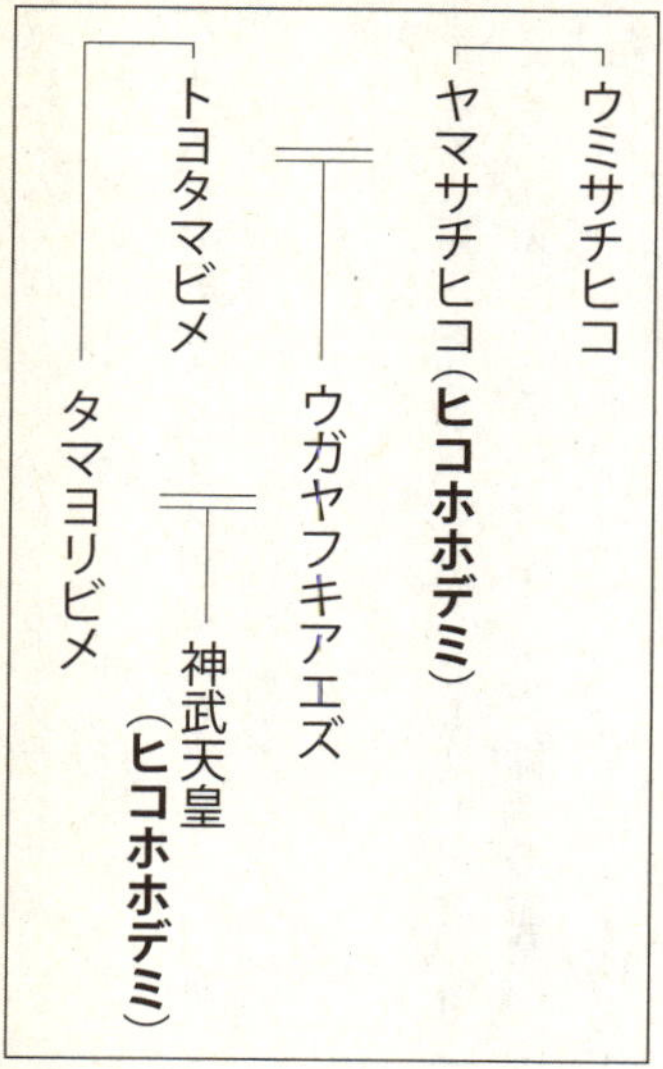

葉を変えるならば、神々の世界から人間の世界への移行をいかにスムーズに違和感なくおこなうかということになる。神武は神と人とを結ぶ接点というわけである。このことが神武の出自をことさら複雑にしているということになる。

■神武の生涯

神武といえば、何よりも初代の天皇というイメージであるが、具体的に記・紀をみていくと、興味深いことに気がつく。神武の記載の前半部は日向《ひむか》から大和《やまと》へ入るまでの東征《とうせい》伝承である。それに対して、後半部は辛酉《しんゆう》の年の春正月に橿原宮《かしはらのみや》で即位してからの七十六年間にわたる治世の歴史ということになる。年数的にみても前半部より後半部の方がはるかに長い。にもかかわらず、内容の密度は、前半部の方が圧倒的に濃いといえる。つまり、神武天皇の記載は、極端にいえば、東征をおこない、その結果、初代天皇になったということにすべての力点がおかれているということになるように思われる。

まず、記・紀の東征伝承をみてみよう。神武は四十五歳のときに、それまでいた日向から東方へ進んで新しい宮を作ることを兄弟や子供たちに相談している。神武東征伝承のスタートである。そして、瀬戸内海を通り東へ向かい難波《なにわ》に上陸することになるのであるが、ここまでの記述は、内容的にみて驚くほど簡素である。当然のことながら行く先々でさまざまな衝突やトラブルがあるのが自然と思われるが、そうしたことはまるでいってよいほど記されていない。

それに比べて、難波に上陸後は、うって変わって記述がくわしくなる。神武軍は、長髄彦《ながすねびこ》の抵抗にあい退却をよぎなくされるのである。この原因は、太陽神であるアマテラスの子孫が西方から東方に向かって攻めるということは、アマテラスに対して弓矢を向けることになり、そのためアマテラスの加護を得られなかったからであるという。

そこで、神武軍は難波から海路、紀伊半島を周り、紀伊の熊野《くまの》から進撃を再開することになる。今度は、東から西へと攻めるわけであり、太陽を背に受けて戦うことになる。つまり、アマテラスの加護を背に受けて戦うのであるから勝利するというのである。それでも地元の神である熊の毒気に苦しめられたり、苦戦を強いられるのであるが、ヤタガラスの導きなどもあり、いく度かの戦いののち、大和の橿原の地へとたどりつき、ここで国作りに着手することになる。

神武陵（6世紀ごろの古墳）

そして、正妃《むかひめ》を広く探し求めた結果、ヒメタタライスズヒメが選ばれることになる。このヒメタタライスズヒメに関しては、記・紀の間で系譜に微妙な相違がみられる。『日本書紀』では、コトシロヌシがミシマノミゾクイミミの娘であるタマクシヒメをめとって生んだ子としている。しかし、『古事記』をみると、オオモノヌシとミシマノミゾクイの娘であるセヤダタラヒメとの間の子となっている。オオモノヌシはオオクニヌシの和魂《にぎみたま》であるといわれ、同神とされている神である。コトシロヌシはオオクニヌシの子とされるから、つまり、オオモノヌシとコトシロヌシとは父子関係になり、ともに出雲系の神ということになろう。したがって、両神は密接な関係をもっているといえるが、いうまでもなく別神である。このように、記・紀の記述は微妙な相違をみせているのである。正妃を決定した神武は、いよいよ辛酉年正月に橿原宮で即位し、初代天皇となるのである。この年が神武元年ということになる。

そして、神武天皇四十二年正月三日にヒメタタライスズヒメとの間にできた神渟名《かむぬな》川耳《かわみみ》を皇太子とした。これがのちに二代天皇となる綏靖《すいぜい》である。そして、神武天皇七十六年三月十一日に崩御《ほうぎょ》し、翌年九月十二日に畝傍《うねび》山の東北陵《うしとらのみささぎ》に葬られた。時に百二十七歳であったと伝える。

神武の年齢については、この百二十七歳というのは『日本書紀』の記載である。『古事記』では百三十七歳とあり、陵については「畝火山の北方の白檮尾《かしのお》の上《ほとり》にあり」と記している。

■神武は実在したのか

このように、神武をめぐってはいろいろな疑問点があるのであるが、その中でも最も大きくて重要なのは、辛酉の年に即位したとするいわゆる紀年の問題である。この点に関しては、すでに平安時代の大学者であった三善清行《みよしきよゆき》によって中国古代の讖緯説《しんいせつ》による辛酉革命の思想に基づいているということがいわれ、江戸時代の伴信友《ばんのぶとも》がこれを受けつぎ、明治時代の那珂通世《なかみちよ》によって定説化された。

讖緯説とは未来を予言する論理であり、辛酉革命とは、辛酉の年には何か新しい革命的なことが起きるという思想である。すなわち、古代の暦は干支を用いて表わしており、暦が一巡する六十年を一元《げん》とする。さらに、二十一元（千二百六十年）を一蔀《ぼう》として、その始めの年が辛酉であり、天命が革《あらたま》るとするのが辛酉革命思想である。

そして、のちに、『古事記』が叙述対象とした推古《すいこ》の治世下の辛酉年、すなわち推古天皇九年（六〇一）から逆算して二十一元さかのぼった年を神武の即位年として設定したというのである。その結果、『日本書紀』の紀年も実際よりも大幅に長くなってしまい、初期の天皇を異常なほど長寿にしたり、架空の天皇を作り出したりしなければならなくなったというわけである。したがって、神武についても、実在性を認める説がないわけではないが、大方の考えとしては、架空の天皇ととらえているといえよう。

16 「欠史八代」の記述に見え隠れする編纂者の真意

■欠史八代とは

初代天皇とされる神武が亡くなったあと、二代綏靖《すいぜい》・三代安寧《あんねい》・四代懿徳《いとく》・五代孝昭《こうしょう》・六代孝安《こうあん》・七代孝霊《こうれい》・八代孝元《こうげん》・九代開化《かいか》と天皇位が継承されたことになっている。しかし、これらの天皇は、『古事記』も『日本書紀』も記述が簡略であり、しかも画一的である。『日本書紀』は、一天皇で一巻というのが基本であるが、これらの八天皇は一括して巻四におさめられている。

こうしたことから、これらの八天皇は、実在性が疑われており、欠史八代とよばれている。

■記述の内容の特徴

二代綏靖天皇から九代開化天皇までは、何よりも記述量が短く、伝承といえるものが語られていない。内容も画一的であり、

①出自
⇩
②立太子の時期
⇩
③前天皇の死後の即位
⇩
④都の名称
⇩
⑤後継者の決定
⇩
⑥崩御

■初期天皇の系図

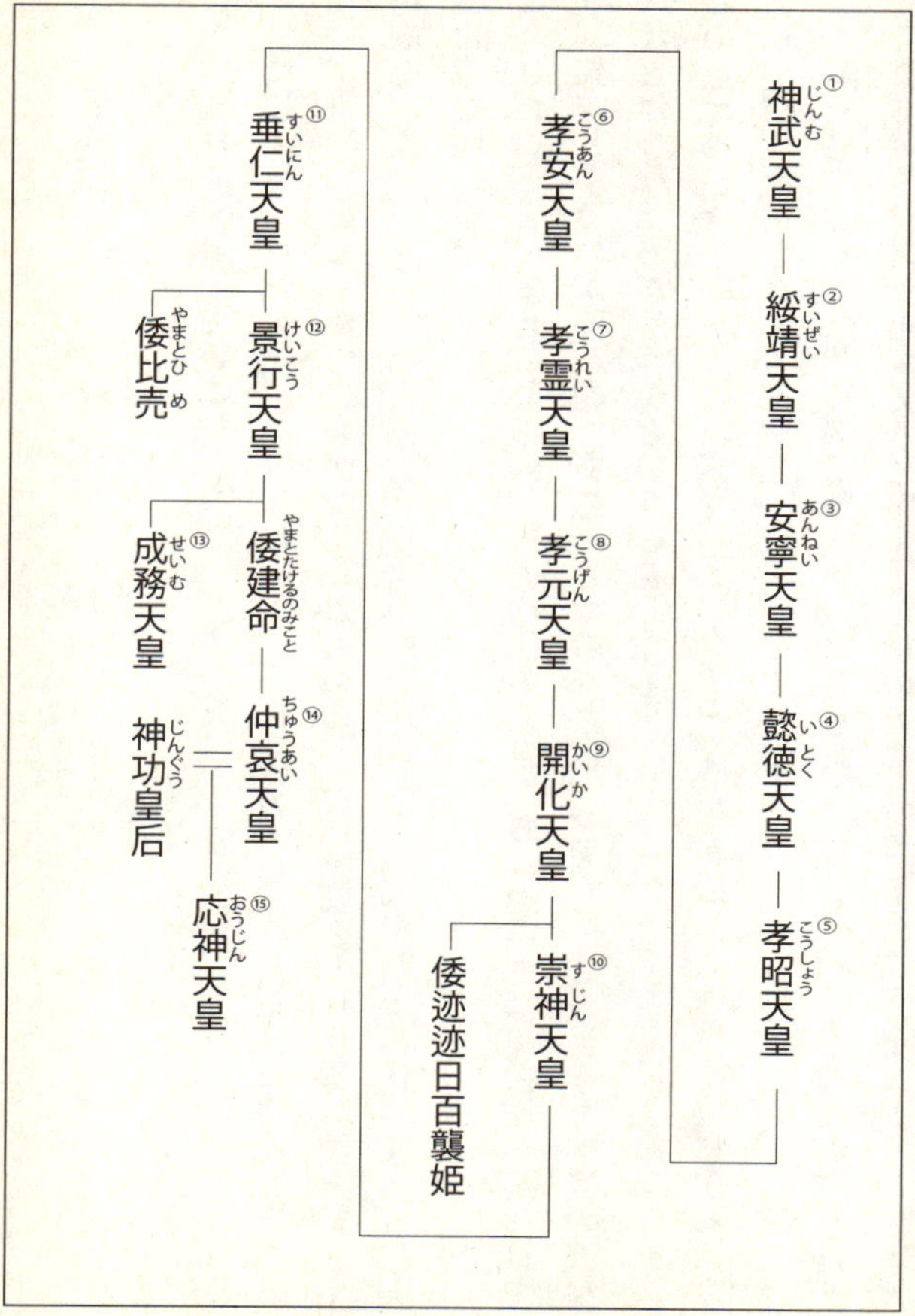
①神武《じんむ》天皇
②綏靖《すいぜい》天皇
③安寧《あんねい》天皇
④懿徳《いとく》天皇
⑤孝昭《こうしょう》天皇
⑥孝安《こうあん》天皇
⑦孝霊《こうれい》天皇
⑧孝元《こうげん》天皇
⑨開化《かいか》天皇
⑩崇神《すじん》天皇
倭迹迹日百襲姫
⑪垂仁《すいにん》天皇
⑫景行《けいこう》天皇
倭比《やまとひ》売《め》
倭建命《やまとたけるのみこと》
⑬成務《せいむ》天皇
⑭仲哀《ちゅうあい》天皇
神功《じんぐう》皇后
⑮応神《おうじん》天皇

⑦陵の名称

⇦

といった流れに終始している。

これに加えて、八代の天皇の寿命をみると、長命の天皇が多い。『古事記』をとるか『日本書紀』をとるかで違いがでてくるものの、六代孝安と七代孝霊は記・紀ともに百歳を超えている。このほか、『日本書紀』によると五代孝昭・八代孝元・九代開化も百歳を超えている。

こうしたことをふまえるならば、欠史八代の天皇たちについては実在性が疑われており、架空とするのが一般的である。とするならば、どうしてこのような架空の天皇が八代も作られたのだろうかということになる。

この点については、欠史八代の前後の天皇との関係が最も大きいように思われる。つまり、初代天皇とされる神武と十代天皇の崇神《すじん》である。

この両天皇に関しては、神武は架空の天皇とされるのに対して、崇神は実在したと考えられている。言葉を変えると実在した初の天皇（当時のいい方では大王《おおきみ》）は崇神

■欠史八代の天皇の寿命

歴　代	天皇名	『古事記』	『日本書紀』
2　代	綏　靖	45歳	84歳
3　代	安　寧	49歳	57歳
4　代	懿　徳	45歳	77歳
5　代	孝　昭	93歳	113歳
6　代	孝　安	123歳	137歳
7　代	孝　霊	106歳	128歳
8　代	孝　元	57歳	116歳
9　代	開　化	63歳	111歳 （115歳）

とされている。

そして、神武については、『日本書紀』の編纂者たちが辛酉《しんゆう》革命説に基づいて、天皇になった年を作り出したといわれている。

すなわち、推古天皇九年（六〇一）が辛酉年であることに注目してそこから一二六〇年さかのぼった紀元前六六〇年を初代天皇の即位年に設定したというのである。そうすると、実在した崇神と神武との間には長い空白ができてしまう。この空白をうめるために作り出されたのが欠史八代の天皇たちであるということになるのである。

17 神功皇后の朝鮮半島平定伝承をどう読むか

■スーパーヒロインだった神功皇后

今でこそ神功皇后《じんぐうこうごう》といっても誰だろうということになろうが、第二次世界大戦に敗れるまでは、神功皇后はスーパーヒロインの代表であった。近代になって、紙幣を発行したとき、その肖像画の第一号に選ばれたのが神功皇后である。それをみると、とても日本風とは思えない西洋風の貴婦人に描かれている。

神功皇后は皇后といわれていることからもわかるように、天皇の妻であった。具体的には仲哀《ちゅうあい》天皇の皇后であるが、名を息長足姫尊《おきながたらしひめのみこと》といった。名前にみられる「息長」とは、息が長いということである。この場合の息は、すなわち、生命力を表わしており、息長とは生命力にあふれているという意味になる。

つまり、神功皇后は、生命力に富んだ活力あふれる女性ということになり、まさに、

■古代の朝鮮半島地図

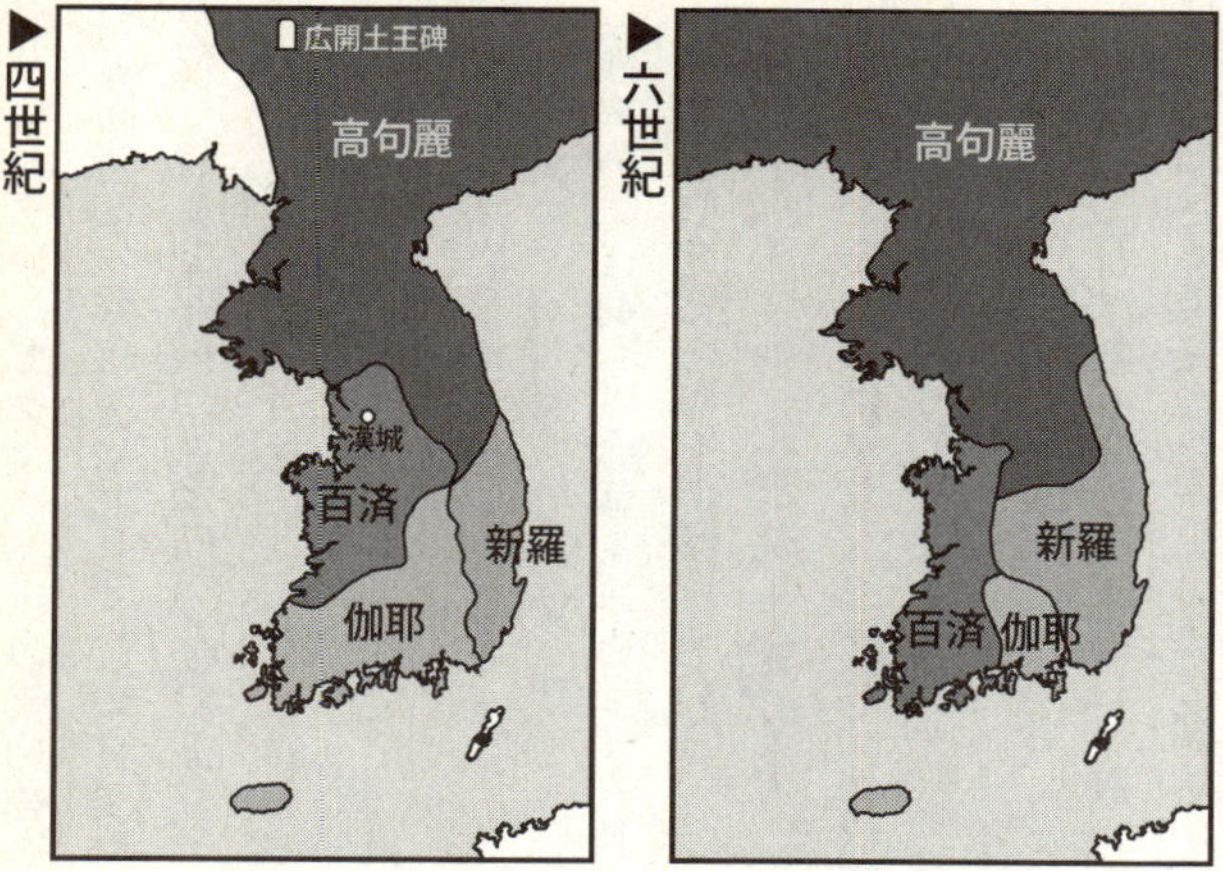

スーパーヒロインとしての名前にふさわしいといえる。神功皇后というと、すぐに連想されるのは、三韓《さんかん》征伐・新羅《しらぎ》征伐とかといわれる朝鮮半島平定の伝承である。その平定に関しても、『古事記』や『日本書紀』をみると、あっという間のできごととして叙述されている。

こうしたことを合わせ考えると、存在自体がはなはだ伝説的であり、実在性を疑う見方が有力である。

■神功皇后と仲哀天皇

『古事記』によると、仲哀天皇は、九州のクマソを討とうとして香椎《かしい》宮にやってきた。そこで、自らは琴《こと》を弾《ひ》き、武内《たけのうち》宿禰《すくね》をサニワにしてクマソ征伐の成功を占った。琴はいうまでもなく楽器であるが、それと同時に、琴は言《こと》に通じ、神の言葉をのべるものとも考えられていた。つまり、琴の音を通して神が託宣をのべるのである。サニワとは、その神託を解釈する人をいう。

つまり、クマソ征伐について、神の託宣を求めたところ、神が神功皇后に依りついて、

西の方に国有り。金銀を本として、目の炎耀《かがや》く種種の珍しき宝、多にその国にあり。吾今その国を帰《よ》せたまわむ。

といったとある。つまり、クマソを征伐するよりも、金銀や財宝に富んだ西方の国（朝鮮半島）を征伐せよということであり、神が味方につくという大変、ありがたい託宣がでるのである。

しかし、これに対して仲哀天皇は、高い所に登って西の方をみたが大海しかみえず、陸地はまったくみえない、といって琴をかなでるのをやめ、神託を受け入れようとし

なかった。神託を発した神は大変、怒って、仲哀天皇は天下を治める資格はないとして、ただちに死者の国へ行くようにと告げる。

この神託に驚いた武内宿禰は、仲哀天皇に琴を弾くようにすすめ、天皇もしぶしぶそれに従ったのであるが、いくばくもたたないうちに琴の音が絶えてしまった。そこでみてみると仲哀天皇はすでに死んでいたという。

そこで、武内宿禰が、再度、神託を求めたところ、やはり、朝鮮半島を征つようにという内容がでる。そしてさらに、この国を治めるのは神功皇后の腹の中に宿っている子、すなわち、応神天皇である、とも託宣する。こうした神託を受けた武内宿禰は、これらの神託を発した神の名を知りたいと告げたところ、神はアマテラス大神と住吉三神（ソコツツノオ神、ナカツツノオ神、ウワツツノオ神）であるという言葉がかえってくる。さらに、本当に朝鮮半島を求めるのであればすべての神に祈りをささげ、アマテラス大神と住吉三神の御魂を船上に祀って、真木の灰をひさごに入れ、箸と木の葉で作った皿をたくさん作ってそれらを海にまき散らかして浮かべて渡るべし、とも託宣がくだる。

■神功皇后の朝鮮半島平定

こうした託宣の教えに従って、軍船を朝鮮半島へ進めたところ、海中の大小の魚たちがすべて軍船をかついで進み、風も追い風がさかんに吹いて軍船を助けたという。さらに、こうしたことから津波が新羅《しらぎ》に押し寄せて国の半分が海水につかったとも記されている。そこで、新羅王はあっさり降伏し、百済《くだら》もこれに従ったというのである。

『古事記』のこうした記事は、いうまでもなくリアリティーがまったくなく、実際にあったできごととは、とうてい思えない。言葉を変えると、本当にあったことでないから、書きたくても書けないということになる。

このように、神功皇后の朝鮮半島平定伝承は、具体的な記述がまったくみられず、歴史的事実とみることは難しい。そして、このことは、神功皇后の実在性にまで疑問が及んでくるのである。

■応神天皇の誕生

神功皇后の超人的な面は、応神《おうじん》天皇の誕生についてもいうことができる。『古事記』では、妊娠中であった神功皇后が朝鮮半島で産気づいたとしている。そのとき神功皇后は、まだ平定が終わっていないとして、自分の腹に石を当てぐるぐる巻きに固定して九州へもどってきた。そして、そこで応神天皇を生んだというのである。とても現実のこととは思えない。

このあと、『古事記』では、忍熊《おしくま》王の反乱伝承があり、続いて、応神の名と気比《けひ》大神の名とをそれぞれ交換する伝承があって仲哀天皇の段が終わっている。こうしてみてくると、『古事記』の仲哀天皇の条は、主人公であるはずの仲哀天皇の存在感が非常に薄いといわざるを得ない。そのかわりに、神功皇后の活躍が目につく。

■天皇としての神功皇后

『古事記』では、仲哀天皇よりも天皇らしい感じさえする神功皇后であるが、もちろん神功は天皇ではない。しかし、他の史料をみると、神功皇后が天皇扱いされている場合が複数みられる。

まず、『日本書紀』である。『日本書紀』は、原則として天皇ごとに項目が立てられている。その『日本書紀』で神功皇后はというと、他の天皇と同じように独立した項目、すなわち、神功紀が立てられる。このことから、『日本書紀』においては、神功皇后が天皇と同様の扱いをうけていたことがわかるのである。

また、『古事記』や『日本書紀』とほぼ同時期に成立した諸国の『風土記』の中には、神功皇后を「天皇」と表記しているものがある。具体的には、常陸《ひたち》（茨城県）・播磨《はりま》（兵庫県）・摂津《せっつ》（大阪府）の三つの『風土記』である。

たとえば『常陸国風土記』をみると、茨城郡の条に、茨城国造の祖である多祁許呂《たけころの》命が「息長帯比売天皇《おきながたらしひめ》」の朝廷に仕えたと記されている。ここにみられる息長帯比売天皇とはいうまでもなく、神功皇后のことである。

次に、『播磨国風土記』をみると、讃容《さよ》郡の中川里の条に「天皇」という表記が使われている。息長帯日売命が朝鮮半島に渡ろうとしたとき、船が淡路の石屋という場所に停泊したというのである。そのとき、大暴風雨が起こり、人々はずぶぬれになってしまった。すると、大仲子《おおなかつこ》という者が苫《とま》を使って屋を作り、人々を風雨から救ったので、「天皇」が勅を出してこれをほめ人姓を与えたということが記されている。ここでは、神功皇后のことをはじめは、息長帯日売命と記し、次に天皇と表記している。

『摂津国風土記』は、現在、そのほとんどが失われてしまい、一部分のみが残されているだけであるが、そのうちの住吉の条と美奴売松原《みぬめのまつばら》の条の二か所に神功皇后を「天皇」として表記している。住吉の条をみると、「息長足比売天皇」の御世に住吉大神が出現して住むべき所を求めて巡行して、現在の住吉神社の地にいたって、ここに落ち着いたというものである。また、美奴売松原の条はというと、「息長帯比売天皇」が、筑紫へ向かう途中、摂津国川辺郡の神前の松原に諸々の神を集めて加護を願ったとある。

そのとき美奴売神も加護を約束し、自分の山から杉の木を伐りとり船を造れといった。「天皇」（神功皇后）はその教えに従って神の船を造り、新羅を平定したという内容である。

このように、『風土記』の中には、神功皇后を天皇として表記しているものがあり、神功皇后の存在と共に天皇后というものの意味をあらためて考えさせられる。

■朝鮮半島での動き

313	高句麗が楽浪郡を滅ぼす
346	百済がおこる
356	新羅がおこる
369	倭軍が新羅を破り、朝鮮半島南部に進出
391	倭軍が百済、新羅を破る（広開土王碑文）
562	新羅が伽耶を滅ぼす
660	百済滅亡
663	白村江の戦い
676	新羅による朝鮮半島統一
935	新羅滅亡

18 応神天皇と筑紫を結ぶ接点とは？

■九州生まれの天皇

ヤマト政権の天皇（大王《おおきみ》）たちの生まれは、大和もしくはその周辺というのが一般のイメージであろう。しかし、応神の場合は、筑紫すなわち、九州で生まれたことが記・紀に明記されている。なぜ、大和の生まれにしなかったのだろうという疑問が当然のことながらわいてくる。

前項で触れたように『古事記』の仲哀《ちゅうあい》天皇の段をみても、仲哀が主人公という感じがまるでしない。むしろ、神功皇后が中心に話が展開されているといってよいであろう。そして、重要な位置を占めているのが応神天皇である。応神はみたように、仲哀と神功との間の皇子であるが、ストーリー的には、仲哀は天皇としての器量がないとアマテラスたちに判定されており、父としての存在感に欠けている。むしろ、応神は神の子というイメージが前面に押し出されている。そのことは、応神がアマテラスらによって地上を支配することを保証されていることからも理解できるであろう。

そして、もうひとつ指摘したいのは、『古事記』の記述は、応神がどうしても筑紫で生まれたということを強調したがっているようにみえることである。神功が朝鮮半島の平定をなしとげて戻る途中で、産気づいてしまうのであるから、そこで応神を出産してもよいのではないかと思うのであるが、『古事記』はあくまでも、応神と筑紫との関係をいいたいわけで、出産を遅らせるために用いた石が、いまも筑紫にあるとまで記しているのである。こうした応神誕生に関する説話は、『筑前《ちくぜん》国風土記』にも興味をひかれる記事がみられる。

応神天皇

■『筑前国風土記』の応神誕生譚

まず、芋湄野《うみの》の条をみてみよう。ここには怡土《いと》郡の子饗原《こうのはら》に石が二つある

と記されている。その二つの石はというと、

一は片長《なが》さ一尺二寸、周り一尺八寸、一は長さ一尺一寸、周り一尺八寸なり。

とあって、さらに、白い色をしていてかたく、磨いたように丸いとのべている。そして、神功が新羅を討つために軍隊を指揮していたさいに、腹の中の胎児が動き出したというのである。すると神功は、二つの石を腰にはさみつけて出陣し、新羅平定を終えて凱旋《がいせん》し、芋湄野で応神で産んだと伝えている。

この伝承には、おまけともいうべき記述もついている。それは、世の妊婦が急に胎児が動き出し産気づいたとき、腰に石をはさんで呪文をとなえて時間をかせぐ風習があるのは、この神功の伝承によるのであろうかというものである。

また、児饗石《こういし》の条にも同様の記載がみられる。それによると、児饗野の西に白い石が二つあるという。各々の石については、

一顆《ひとつ》は長さ一尺二寸、大きさ一尺、重さ卌一斤、一顆は長さ一尺一寸、大きさ

一尺、重さ卅九斤なり。

と記されている。先ほどの芋湄野の条に出てきた石のことと思われるが、サイズが微妙に違っており、加えてこちらには重さが記されている点が面白い。

そして、その由来についてものべられているが、これも芋湄野の条と微妙にくい違っている。

どのようなものかというと、神功が新羅を討とうとしてこの村にやってきたとき、突然、産気づいたという。そのとき二つの石を腰にさしはさみ、「胎児がもし神であれば凱旋したのちに誕生せよ」という古代の呪術であるウケイをしたところ、本当に新羅を平定したのちに生まれたと記されている。

そして、時の人はこの石を「皇子産《みこうみ》の石」といったが、それがなまって「児饗《こう》の石」となったと伝えている。まさに、応神は神であるということをのべている伝承といえる。

また、ここではこの二つの石を児饗石という由来ものべられているが、この石は鎮懐石ともよばれている。

さらには、神石《かんいし》とも称されていたことが、神石の条に記されている。ここには、神功が三韓《さんかん》、すなわち朝鮮半島に入ろうとしたときに産月になったとある。そこで神功が自ら祭主となって、

事竟《を》へて還らむ日、茲土《ここ》に産《あ》るべし

とウケイをしたところ、月神が「此の神石を以ちてみ腹を撫《な》づべし」といったという。そして、神功がそのとおりにすると、体がたちまち安らかになったと記されている。その石は今も伊覩《いと》県の道の辺にあるが、落雷にあって三つに割れているという。ここでは、石の大きさなどについては記されておらず、石の使用法も腰にはさむのではなくて、石で腹をさするという方法がとられている。また、石の数も二つではなく、もともとは一つであったのが雷が落ちて三つになってしまったとある。

この神石の伝承は、『風土記』の伝承ではないともいわれているが、興味のひかれる内容といってよいであろう。

■鎮懐石のサイズ

		長さ	周囲（大きさ）	重さ
『筑前国風土記』	芋湄野	(大) 1尺2寸	1尺8寸	
		(小) 1尺1寸	1尺8寸	
	児饗石	(大) 1尺2寸	1尺	41斤
		(小) 1尺1寸	1尺	39斤
『万葉集』		(大) 1尺2寸6分	1尺8寸	18斤5両
		(小) 1尺1寸	1尺8寸	16斤10両

この鎮懐石については、『万葉集』にも記述がみられる。やはり、石の数は二つとなっているが、大きさや重さについては、これまた微妙なズレがみられる。

いずれにしても、こうした応神誕生に関する伝承が記・紀とともに地元の『風土記』にも記されており、石を用いた民間呪術のような形で後世にまで語りつがれているということは、応神と筑紫の関係深さをものがたっているようにも思われる。

■筑紫で生まれたということをどう読むか

それでは、応神と筑紫、すなわち九州との関係が深いということをどのように

■応神天皇の出自

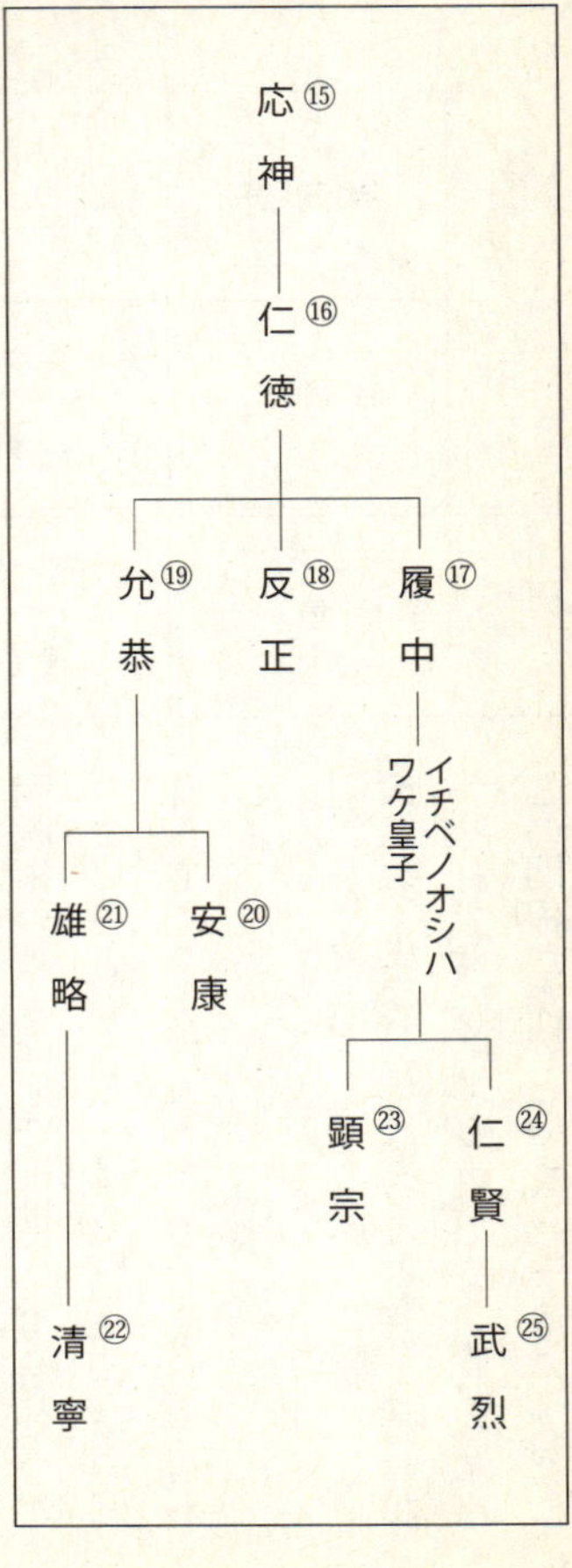

理解したらよいであろうか。

応神が九州で生まれたということを重要とするならば、応神はとりもなおさず九州の王ということになろう。この点について、かつて水野祐博士は、応神は仲哀までの王朝とは異なった王朝であるとして、いわゆる三王朝交替説を提唱した。つまり、仲哀までの大和を基盤とする王朝に対して、応神は九州を基盤とする王朝の王であるというのである。

そして、記・紀にみられる仲哀のクマソ平定伝承を大和の王である仲哀による九州遠征と読みとって、この遠征は失敗に終わったとしている。三王朝交替説では、戦いに勝利した応神は、その後も九州を拠点に力をたくわえ、その子の仁徳のとき大和への東征をおこなったとしている。

三王朝交替説には賛否両論があるが、仲哀と応神との間に王朝の断絶があるということは多くの学者の認めるところとなり、定説化したようにみうけられる。最近では、王朝の断絶とまではとらえずに、王統が変化したとする方がよいという説も出されている。

19　雄略天皇にまつわる記述から何がわかるか

■倭の五王の「武」にあたる

三世紀に邪馬台国《やまたいこく》の女王であった卑弥呼《ひみこ》や壱与《いよ》が中国へ遣使したのち、大陸との交渉はパタッと途絶えてしまう。つまり、四世紀の対外関係は謎につつまれており、かろうじて高句麗《こうくり》の好太王碑文《こうたいおうひぶん》によって、四世紀の末に倭《わ》（日本）が朝鮮半島に出兵して高句麗と戦ったことがわかるくらいである。

それが五世紀になると事情が変わってくる。少なくとも四二一年から五〇二年にかけて、日本から五人の天皇が中国の南宋などの南朝へ一三回にわたって遣使を派遣したことが、『宋書』などから確認することができる。いわゆる倭の五王である。中国側の史料で讃《さん》・珍《ちん》（彌）・済《せい》・興《こう》・武《ぶ》という名で記されている天皇を具体的にだれにあてはめたらよいのかという点については、いまだ問題が残されていて確定をみるまでにはいたっていない。それでも、倭の五王のうち済・興・武については、系譜の面などから、済は允恭《いんぎょう》・興は安康《あんこう》・武は雄略《ゆうりゃく》ということが、定説となっているといってよいであろう。

　したがって、雄略は倭の五王の最後を飾る武ということになる。武は、四七八年に南宋の順帝《じゅんてい》に上表文を奉っており、その中で東はエミシの国を五十五か国、西はクマソを六十六国平定したとのべている。上表文にあげられた数字をそのまま受けとることはできないにしても、雄略が東へ西へと奮闘している様子がうかがえる。そのことは、考古学の成果からもいうことができる。

■倭の五王と天皇

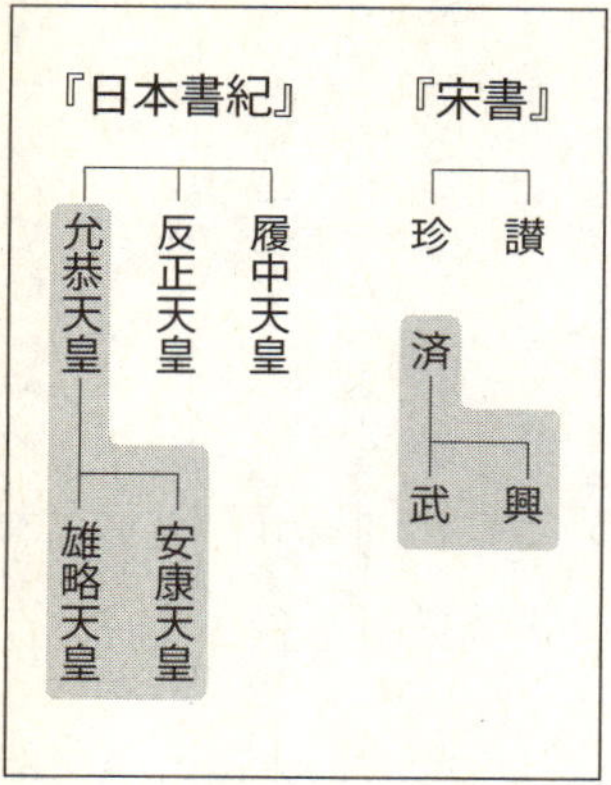

■鉄剣の出土が持つ意味

　一九六八年、埼玉県行田《ぎょうだ》市にある埼玉《さきたま》古墳群の中のひとつである稲荷山《いなりやま》古墳から世紀の大発見といってもよい鉄剣が出土した。埼玉古墳群は、古墳時代中期から後期にかけての古墳群であり、大型古墳九基と小円墳からなっている。その中で、稲荷山古墳は全長一二〇メートルにおよぶ大型の前方後円墳である。

稲荷山古墳から出土した鉄剣が、なぜ世紀の大発見かというと、一九七八年になってその鉄剣に金象嵌《きんぞうがん》で一一五字の銘文があることがわかったからである。一一五字の銘文はさまざまな問題点を提起した。たとえば、ここでは二点についてみてみよう。

そのひとつは、「辛亥年《しんがい》」という干支があったことである。この辛亥年を西暦になおすと何年になるかをめぐっては、四七一年と五三一年の二説がみられたが、現在では四七一年と考えられている。

また、「獲加多支鹵大王」という大王《おおきみ》(天皇)の名前が入っていたことも話題となった。この大王は、ワカタケル大王と読め、雄略天皇のことをさすからである。

さらに、この発見は、西の江田船山《えたふなやま》古墳から出ていた鉄刀銘の読みにも影響をおよぼした。江田船山古墳は、熊本県玉名《たまな》郡にある前方後円墳であり、そこから出土していた鉄刀には銀象嵌で七十五字の銘文が刻まれていることがわかっていた。その中に大王名もみられたが、具体的に特定することは難しい状態であった。しかし、稲荷山古墳出土の鉄剣銘にみられた「獲加多支鹵大王」と比較してみた結果、江田船山古墳出土の鉄刀にみられる大王名もワカタケル、すなわち雄略と考えられるようになった。埼玉の稲荷山古墳から出た鉄剣と熊本の江田船山古墳から出土した鉄刀の双方に雄略の名が刻まれていたということは、重要な意味をもっている。それは、五世紀の後半の段階で、すでに関東から九州にかけてヤマト政権の支配が及んでいたとみることができるからである。

言葉を変えると、雄略の時代にはヤマト政権の支配力がかなり伸張しているということであり、さきにみた武の上表文を合わせて考えると、雄略のときにこうした各地の平定が進展したともいえるのである。

稲荷山古墳から出土した鉄剣

■記・紀の中の雄略像

それでは、『古事記』や『日本書紀』は、雄略をどのように記しているのかというと、ひとことでいうとかなり武力的な天皇といえる。それは即位のときからみることができる。『古事記』をみると、雄略の兄の安康《あんこう》天皇が目弱王《まよわ》に暗殺されたとき、雄略はまだ少年であった。しかし、雄略はすばやく行動し、まず、兄の黒日子《くろひこ》に相談したが、黒日子の態度がにえきらなかったため刀を抜いて斬り殺したという。次いで、やはり兄の白日子《しろひこ》に相談したが、この兄もやはりにえきらなかった。すると雄略は、白日子を引きずり出し、穴を掘ってその中に埋めてしまう。白日子は腰まで埋められたとき、両の眼が飛び出して死んでしまった。

兄が頼りにならないと知った雄略は、自ら軍を率いて、目弱王を攻め、殺害した。

さらに、いとこの市辺忍歯《いちのべのおしは》と狩をおこなったときのことである。市辺忍歯の何気ない言葉に怒り、狩にかこつけて弓で射って馬から落とし、その体を切り刻み、かいば桶に入れて土中に埋めてしまったという。

こうした武力的で暴力的な行為は即位後もみられる。たとえば、『日本書紀』では即位二年目のこととして、吉野での狩場での事件を記している。この日の狩は獲物に恵まれ終了したが、雄略が群臣に向かって自分たちでなますを作ろうと提案したとき即座に返答した者がいなかった。すると雄略は大変怒り、刀を抜いて大津馬飼を斬り殺したというのである。このことを聞いて民にいたるまで人々はみなふるえあがったと記している。さらに、雄略は自分の判断を信じ、他人に相談することがなかったとか誤って人を殺害することが多かったとかとも記されており、人々は「大悪天皇」といったとある。

『日本書紀』のこうした雄略への評価はさんざんなものといえよう。しかし、同じ『日本書紀』の四年条には、これとまったく反対の評価が記されている。それは、葛城山で狩をおこなったときのことである。突然、背の高い人に出会った。雄略と顔や姿がそっくりであった。雄略は、この人物はきっと神にちがいないと思ったが、あえて素姓をきいたところ、相手は自分が神であることを告げ、最初に雄略から名乗れという。そこで、雄略が名乗ると、背の高い人物は一言主神《ひとことぬしのかみ》であるといった。そのあと、一言主神と雄略とは、共に日暮れまで狩を楽しんだ。狩を終えて帰る雄略を一言主神は来目河まで送ってきたという。このとき、人々はみな雄略のことを「有徳天皇である」とたたえたと記されている。

同じ『日本書紀』で、大悪天皇と有徳天皇というまったく逆の評価が雄略になされているわけである。これは一体、どういうことなのであろうか。「悪」と「徳」という一見、正反対の評価であるが、これは何でも自分の思ったことを遠慮なくおこなうというようにとらえるならば理解できるように思われる。もちろん『日本書紀』や『古事記』の中にみられる雄略像をそのまま信じることはできないが、決断力にすぐれたというか、すぐれすぎた天皇が雄略だったのではなかろうか。善にも強いが悪にも強いといったところであろうか。すくなくとも『古事記』や『日本書紀』の編纂者は雄略をそのように理解していたように思われる。そして、それは決断力に富んだ力強いリーダー像ということに他ならない。まさに、雄略は大悪で有徳の天皇だったのであろう。

20 「磐井の乱」を大事件という扱いにしなかった真の意図

■『古事記』にみる磐井の乱

継体《けいたい》天皇が即位して二十一年目（五二七）、九州で大事件が勃発した。磐井《いわい》の乱である。乱自体は平定されたが、この事件によってヤマト政権は、朝鮮半島の経営から大きく後退することになった。

しかし、この大事件は主に『日本書紀』からの情報であり、たとえば、『古事記』をみると、

この御世に、竺紫君石井《つくしのきみのいわい》、天皇の命に従はずして、多く礼無かりき。故、物部荒甲大連《もののべのあらかいのおおむらじ》、大伴金村《おおとものかなむら》の連二人を遣《つか》はして、石井を殺したまひき。

とあるだけで、実にあっさりとしたものでしかない。すなわち、継体天皇の時代に、筑紫君磐井が天皇の命令に従わないではなはだ無礼であったので物部麁鹿火と大伴金村の二人を派遣して磐井を殺したというのである。ここからはさほどの大事件という印象は感じられない。

■『日本書紀』の記述

それでは、『日本書紀』の記事では、どのようになっているのであろうか。発端は継体二十一年（五二七）六月、ヤマト政権は、六万の兵をつけて近江毛野《おうみのけぬ》を出発させた。目的地は朝鮮半島の任那《みまな》（伽耶）であった。新羅《しらぎ》の圧力を受けてあえいでいた任那を救うのがねらいであった。しかし、近江毛野軍は九州で足止めをくらうことになる。筑紫国造であった磐井が反乱を起こしたのである。

磐井は、以前からそむく機会を探っていたが、決断がつかず年月を過ごしていた。当時は、朝鮮半島をめぐって紛争があいつぎ、ヤマト政権は、九州の豪族たちに何かと負担をかけすぎていた。当然のことながら、九州の豪族たちには、ヤマト政権への不満が増大していった。磐井もそうしたことから反乱を企てようとしたのではないか

■磐井の乱

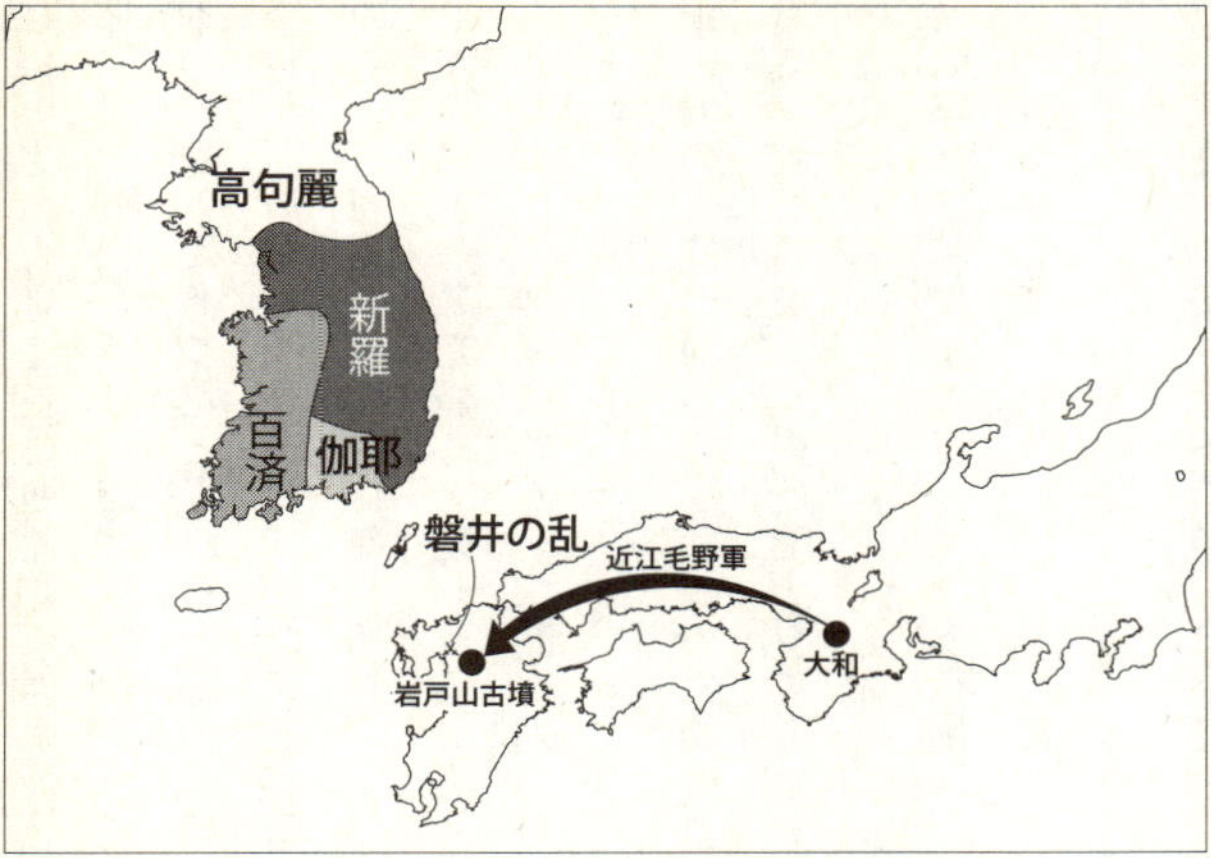

といわれている。

そうしたヤマト政権と九州の豪族たちとの間にできたすき間を新羅は見逃さなかった。磐井に賄賂《わいろ》を送って近江毛野軍を阻止するようにもちかけたのである。

ついに磐井は動いた。自分の拠点である筑紫（筑前《ちくぜん》・筑後《ちくご》）に加えて、火の国（肥《ひ》前《ぜん》・肥《ひ》後《ご》）と豊の国（豊《ぶ》前《ぜん》・豊《ぶん》後《ご》）を手中におさめて、反旗をひるがえしたのである。これによって、毛野軍は任那諸国の救済どころではなくなってしまった。

そもそもヤマト政権は、新羅を押さえる役割を友好国の百済に期待したと思われる。しかし、六世紀に入ると、百済は北方の高句麗の侵入に頭をいため、高句麗に侵略された領土を任那地域で補おうとしていた。継体天皇の時代のこととされる任那四県の割譲もそうした背景でなされたものだった。これは、百済の要請によって、日本の支配下にあったとされる任那の四県を百済に譲った事件であり、その裏には大伴金村が百済から賄賂を得ていたことがのちに判明する。この割譲は、任那諸国にしてみると、日本の裏切り行為であり、ヤマト政権への不信感はいやが上にも高まった。そして、それは親新羅へと走らせることになる。ヤマト政権としては、朝鮮半島の経営をめぐって、非常に難しい決断を迫られることになっていた。

近江毛野軍が派遣されたのは、まさにこうした時期であった。ヤマト政権のこうした軍事力の行使に対して、新羅の外交はしたたかであった。ヤマト政権と正面から対立するのではなく、磐井をとり込む作戦に出たのである。そして、磐井はその誘いにのったのである。

この磐井の乱によって、ヤマト政権は、任那諸国の救済どころではなくなった。まずは磐井を倒して、九州の治安を回復することが急務となったのである。ヤマト政権は、鎮圧のために物部麁鹿火と大伴金村を派遣して、激戦の末、翌五二八年に磐井を斬殺したとされる。現在の岩戸山《いわとやま》古墳は、磐井の墓といわれている。

一方、朝鮮半島に目をやると、磐井の乱の間に新羅は任那への影響力を強めることに成功し、このあと三〇年たらずで任那諸国を併合することになるのである。

■もう一つの磐井の乱

磐井の乱については、『古事記』『日本書紀』の他にもう一つ興味深い記事を載せるものがある。それは、『筑後国風土記《ちくごこくふどき》』である。『筑後国風土記』は、その大半が失われてしまっており、現在、逸文《いつぶん》という形でわずかに断片が残っているにすぎない。上妻県《かみつやめ》の条に磐井の墓の詳細が記されている。それによると、その墓は高さが七丈（約二一m）、周囲が六〇丈（約一八〇m）で、南辺と北辺とが各々六〇丈（約一八〇m）、東辺と西辺とが各々四〇丈（約一二〇m）とある。現在、福岡県八女《やめ》市にある岩戸山古墳にあたるといわれている。岩戸山古墳は、六世紀前半の北部九州最大の前方後円墳である。墳長一三二mで、幅約二〇mの周溝をもっていて、『筑後国風土記』の記載とほぼ一致する点が多い。

『筑後国風土記』によって、墓の様子をみてみると、墓の四方には石人《いしひと》と石盾《いしたて》とがそれぞれ六〇枚、かわるがわるに置かれ、ひとめぐりしている。東北の隅に別に空間が造られていて、「衙頭《がとう》」とよばれている。衙頭とは、役所のことであり、ここに「解部《ときべ》」とよばれる石人が一人立ち、その前に裸形の石人が一人、地面に伏した形でいる。この地に伏した石人は猪を盗んだ「偸人《ぬすびと》」であり、罪を解部に決められようとしているのである。側には、石の猪が四頭置かれている。これは、「臓物《ぞうもつ》」とよばれ、盗み出された物である。別区には他に、石馬《いしうま》が三匹、石殿《いしとの》が三間《みつ》、石蔵《いしくら》が二間《ふたつ》あるとも記されている。そして、墓の描写に続けて、磐井の乱についてふれている。

それは、古老の伝承として、継体天皇のとき、筑紫君磐井という強く荒々しい者がいて、皇風に従わなかったとある。生前にあらかじめ墓を造ってあったという。急に官軍が攻めてきて、勝つことができないとさとった磐井は単身、豊前国の上膳県《かみつみけ》に逃れ、南の山の険しい嶺をつたってその中の山ひだに姿を隠してしまった。追撃した官軍もついに見失ってしまい、怒りにまかせて磐井が造った墓の石人の手を折ったり、石馬の頭を打ち落としたりしたというのである。

この『筑後国風土記』には、磐井の墓の状況がこと細かく記されていて大変、面白いのであるが、加えて磐井が逃げおおせている点も興味深い。地元の判官びいきといってしまえばそれまでかもしれないが、ここにも磐井の乱の謎があるようにも思われる。

■乱の実体はどうだったのか

磐井の乱は、みたように『日本書紀』と『古事記』とでは、大きな温度差があるわけであるが、この事件自体が反乱だったのかどうかについても問題がある。というのは、磐井は筑紫国造となっている。国造というのは、おおむね大化の改新以前において、ヤマト政権によって任じられた地方官である。したがって、その国造がヤマト政権に背いたのであるから、「反乱」というわけである。しかし、国造という制度が成立したのは、七世紀前半ごろといわれるようになってきている。とするならば、磐井が兵を挙げた六世紀前半には、まだ国造制はなかったことになり、磐井は国造ではなかったということになる。

磐井が北部九州に勢力をもつ豪族であるならば、新羅と手を組んでヤマト政権に対抗したことが、果たして反乱になるであろうか。このように考えるならば、磐井の乱についても考え直す余地があるといえよう。

21 武烈天皇のイメージが『日本書紀』とは大きく変わる理由

■不思議な天皇

歴代の天皇の中で、武烈《ぶれつ》ほど悪行の数々を書き記された天皇はいない。そもそも、『古事記』や『日本書紀』は、基本的には天皇の偉大さをたたえている。たとえば、崇神《すじん》天皇について『日本書紀』は、若いときから善悪を判断する能力を持ち、聡明であり、幼少からすでに将来に対して大きな計画をもっていたとあり、壮年のころからはつつしみ深く、天神地祇《てんじんちぎ》を敬い、いつも帝王として政治をとろうという心をもっていたと記されている。また、女帝の場合も、たとえば推古《すいこ》天皇をみると、容姿は端正でふるまいも完璧で少しもあやまちがなかったと記されている。

これらの記載は、いうまでもなく決まり文句的な表現であり、あくまでも表向きのものと考えるべきである。それでは、武烈天皇はどのような描かれ方をしているのだろうかというと、『日本書紀』は、成人になると善悪を判定して罪人を罰することを好んだとある。なかなか厳しい性格のように思われるが、悪い印象ではない。さらに、法令にくわしく、日没まで政務をとったとあるから熱心に天皇のつとめを果たしていたと読みとれる。そして、無実の罪をこうむっている者に対しては、必ず是非を明らかにし、裁判の審議はまことに公平であったと記されている。

これらの『日本書紀』の記述からみえてくる武烈天皇像は、政務に熱心な天皇で特に司法関係にすぐれた才能をもっているといった感じを受ける。少し寛容さに欠けるかなという気もするが、悪い天皇というイメージはわいてこない。

ところが、『日本書紀』は、これに続けてしきりに多くの悪行をおこなって少しも善いことをしなかったと記しているのである。すなわち、評価が急展開するのである。さらに、さまざまな酷刑を命じ、それらを必ずみたので人々はみな恐れふるえ上がったと記している。

『日本書紀』の武烈条は、このように記事の前半と後半とでは大きく異なっている。厳罪を与えるという点では一緒といえるかもしれないが、それにしても後半部の記述はひどすぎており、暴君そのものといったイメージを受ける。

さらに、武烈をめぐる評価については『古事記』をみると、一層、混乱を深めてしまう。

■『古事記』にみえる武烈像

『古事記』は一般的にいって、記述の最後を飾る推古に近づくと、歴代天皇の記事は簡略化されていく。具体的にみると、仁賢《にんけん》あたりからであり、次の武烈《ぶれつ》・継体《けいたい》・安閑《あんかん》・宣化《せんか》・欽明《きんめい》・敏達《びだつ》・用明《ようめい》・崇峻《すしゅん》、そして、推古までとなる。この中には、継体や欽明・推古といった多くの事績をもつ天皇たちも含まれている。

したがって、武烈の記述が短いことをあまり不自然に感じる必要はないのかもしれないが、やはり、違和感が残るのも事実である。

では、具体的に『古事記』の武烈の段をみてみると、

①名前は小長谷若雀命《おはつせのわかさざきのみこと》である。
②長谷列木宮《はつせのなみきのみや》を宮とした。
③統治年数は八年である。

④太子にする後嗣がいなかった。
⑤そのため、名を残そうと御子代《みこしろ》として小長谷部《おはせべ》を設けた。
⑥陵は片岡の石杯岡にある。
⑦天皇が崩じたあと、応神の五世の孫である継体《けいたい》が近《ちか》つ淡海《おうみ》国からよばれ、手白髪《たしらか》命と結婚して天皇となった。

ということになる。実にあっさりとしたというか事務的な記述である。そして、何よりも気になるのは、武烈がおこなったとされる悪業の記載がまったくみられないことである。この武烈の段を読むと、あとつぎには恵まれなかったが、ごく普通の天皇というイメージしかわいてこない。ところが、『日本書紀』をみると、こうした武烈のイメージが一変することになる。

■『日本書紀』の記述をめぐって

武烈の暴君ぶりを年を追ってみていくならば、

①武烈二年秋九月

妊婦の腹を割いて、胎児をみた。

②武烈三年冬十月

人のなま爪を抜いて、いもを掘らせた。

③武烈四年夏四月

人の髪を抜いて、木の上に登らせ、その木を切り倒して落下した者が死ぬのを楽しみとした。

この歳のこととして、百済の末多《また》王が民に暴虐を働いたため、国中の人は末多王を廃して武寧《ぶねい》王を立てたという記事が入っている。

④武烈五年夏六月

人を池のといに押し込めて流し、出口で三刃の矛で刺し殺して楽しんだ。

⑤武烈七年春二月

人を木に登らせ、弓で射落として笑った。

⑥武烈八年春三月

女性を裸にして平たい板にすわらせ、目の前で馬と交接させた。そして、女性の陰部をチェックして潤っている者は殺し、そうでない者は官婢として、これを楽しみとした。池を掘り庭園を作り、多くの鳥獣を飼育し狩を好み、犬を走らせ馬と競わせた。出廷・退廷の時間もいいかげんで、大風が吹こうと大雨が降ろうと気にかけなかった。ぜいを尽くし、人々が寒さのためにこごえていても気にかけず、グルメにあけくれ天下の飢えなどおかまいなしであった。俳優たちにみだらな音楽を演奏させ、常軌を逸した遊びをおこなった。昼も夜も豪華な衣服をまとった官人たちと酒に酔いしれ、その座席さえも錦で飾り、ぜいを尽くしていた。

となる。そして、武烈八年冬十二月に崩御するのである。ここからもわかるように、即位したのち二年目から亡くなる八年目まで、ほぼ毎年のように悪行が書きつらねられている。『日本書紀』によるならば、武烈の日常はおぞましい悪虐の数々にみたされていたことになる。果たして、これは事実なのだろうか。

■王朝の交替のまえぶれか

武烈がおこなったとされるあまたの暴虐に関して、現在、これらを実際のこととする説はあまりないようである。それでは、この『日本書紀』の記事をどうとらえるかというと、中国の思想による造作ではないかといわれている。それは、王が善政をおこなうと天はそれに感じて善いしるしを示し、悪政をおこなうと、その王朝を滅ぼしてしまうというものである。

こうしたことの前提として、武烈と次の継体との間には王朝の断絶があるという説がある。これは、戦後まもなく、水野祐博士によって体系づけられたいわゆる三王朝交替説といわれるものである。この説によると、実在した最初の天皇は崇神となる。そして、その王朝は、仲哀で断絶し、次の応神からはそれまでとはまったく違った九州系の王朝になるというのである。この王朝が武烈まで続き、次の継体からはまた新しい王朝ができ、この王朝が現在の皇室まで続いていると考えるのである。したがって、この説では、武烈が王朝の区切りになる天皇にあたるわけである。もちろん、『古事記』や『日本書紀』においては、天皇は万世一系で、アマテラスの後裔による継続的な皇位継承が説かれているわけで、この立場からは王朝の交替などは許されるはずがない。しかし、三王朝交替説は、歴史的事実として、六世紀はじめの継体とそれ以前とでは異なる王朝と考えるわけであり、『日本書紀』の武烈の悪虐はそれを示唆したものと受け取るのである。王朝交替説に関しては、現在、批判も多くみられるが、いずれにしても『日本書紀』の武烈の記事については考えなければならない興味深いものといえるであろう。

22 どうして「聖徳太子」の記述がほとんど見当たらないのか

■『古事記』と聖徳太子

聖徳太子《しょうとくたいし》というと、まず思いつくのは生まれてすぐしゃべったとか十人の話をいっぺんに聞いてそれぞれにちゃんと答えを返したとかというまさに超人的なエピソードである。古代史といわず、日本の歴史上で最大のヒーローの一人といってもかまわないであろう。しかし、最近は少し事情が変わってきたようである。というのは、聖徳太子とは用明《ようめい》天皇と穴穂部間人《あなほべのはしひと》后との間に生まれた皇子で厩戸《うまやど》皇子のことであるが、この厩戸皇子といわれた人物は実在したものの、スーパーヒーローとしての聖徳太子という人物は架空の存在であるという説が有力になってきたからである。何やらわかりにくい説であるが、要はわたしたちがイメージする聖徳太子はつくられた人物ということである。こうした考えが反映されてのことだろうか、最近の高等学校の日本史

■聖徳太子の系図

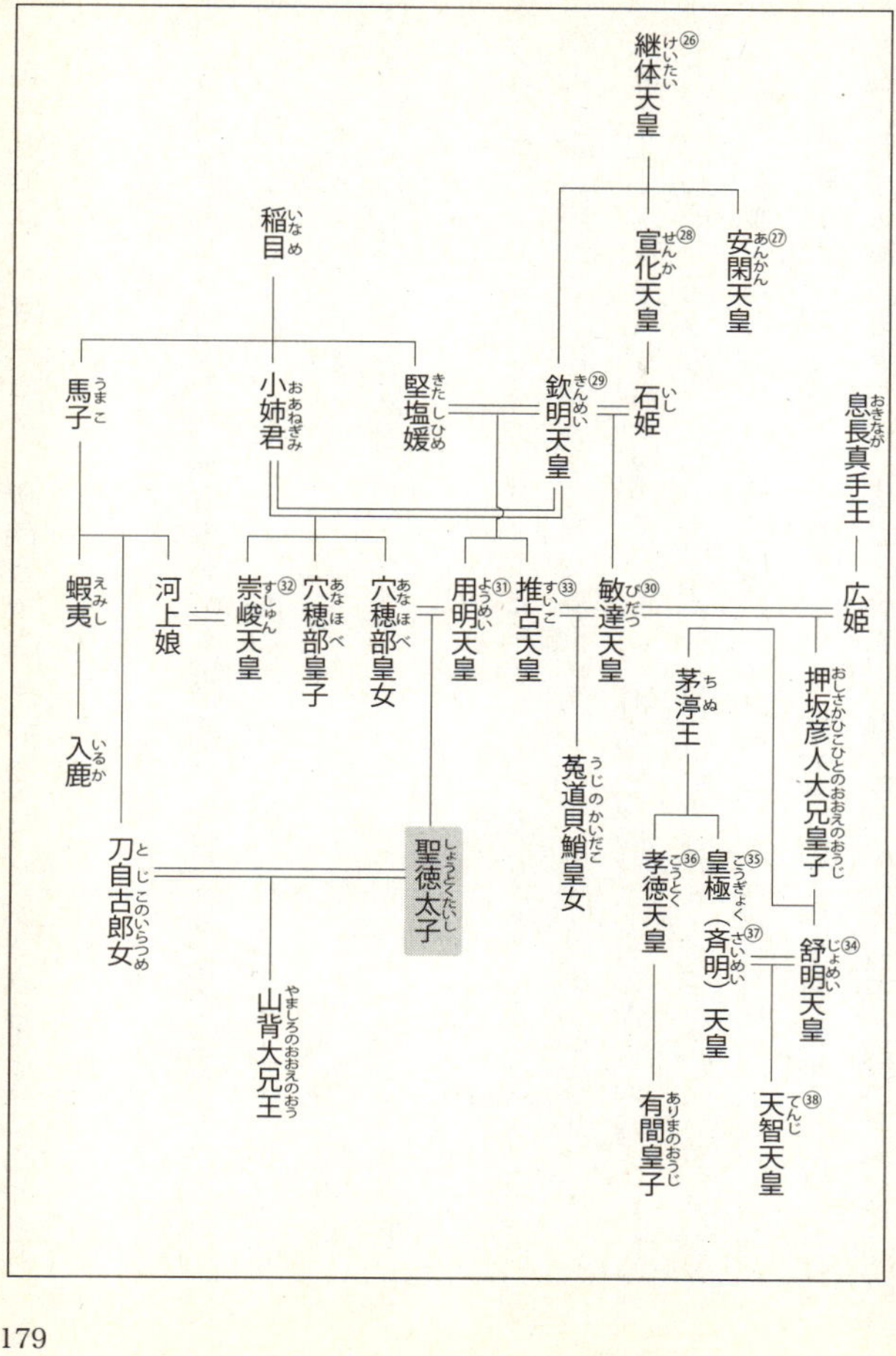
㉖継体《けいたい》天皇
㉗安閑《あんかん》天皇
㉘宣化《せんか》天皇
稲目《いなめ》
馬子《うまこ》
小姉君《おあねぎみ》
堅塩媛《きたしひめ》
㉙欽明《きんめい》天皇
石姫《いし》
息長《おきなが》真手王
蝦夷《えみし》
河上娘
㉜崇峻《すしゅん》天皇
穴穂部《あなほべ》皇子
穴穂部《あなほべ》皇女
㉛用明《ようめい》天皇
㉝推古《すいこ》天皇
㉚敏達《びだつ》天皇
広姫
茅渟《ちぬ》王
押坂彦人大兄皇子《おしさかひこひとのおおえのおうじ》
入鹿《いるか》
菟道貝鮹《うじのかいだこ》皇女
刀自古郎女《とじこのいらつめ》
聖徳太子《しょうとくたいし》
㊱孝徳《こうとく》天皇
㉟皇極《こうぎょく》（㊲斉明《さいめい》）天皇
㉞舒明《じょめい》天皇
山背大兄王《やましろのおおえのおう》
㊳天智《てんじ》天皇
有間皇子《ありまのおうじ》

の教科書などでは、「厩戸皇子《うまやどのおうじ》（聖徳太子）」というように記されるようになったりしており、聖徳太子の存在は次第に影のうすいものになってきている。

それでは、『古事記』や『日本書紀』において聖徳太子は、一体、どのように描かれているのであろうか。まず、『古事記』をみると、天皇の歴代がさがるにつれて、記述の簡略化が激しくなり、聖徳太子に関係のある用明天皇・崇峻《すしゅん》天皇・推古《すいこ》天皇のあたりになると、その傾向がはなはだしい。こうしたことは、当然のことながら、聖徳太子についての記述にも影響してくる。

具体的に『古事記』をみてみると、用明天皇の段に、「間人穴太部王《はしひとのあなほべ》を娶して、生みませる御子」として、「上宮の厩戸豊聡耳命《うまやどのとよとみみ》」の名が記されている。これが聖徳太子の誕生記事ということになるが、単に名前のみが記されているのみである。

さらに、これに加えて、『古事記』には、崇峻天皇の段にも次の推古天皇の段にも聖徳太子の記述は一切みられない。両天皇の段には、天皇名・宮の名称・在位年数・陵の名称しか記載されておらず、治績《ちせき》についてはひとつもあげられていない。したがって、そこに聖徳太子が登場する余地がないのは当たり前といえるわけだが、それにしても推古天皇の段にもまったく姿がみえないというのは、やはり、意外な感じをもつのではなかろうか。

　このように、『古事記』には、聖徳太子に関する記事は、ほとんどといってよいくらいみあたらない。これに対して、『日本書紀』には聖徳太子についてのさまざまな面が記されており、『古事記』とはまったく異なった歴史空間を作っている。

■『日本書紀』にみえる聖徳太子

　まず、『古事記』の用明天皇の段にあたる記事をさがすと、『日本書紀』の用明天皇元年正月一日の条に、「穴穂部間人皇女を立てて皇后とす」とあり、さらに、「是、四の男生れます。其の一を厩戸皇子と曰す」と続けている。そして、聖徳太子の別名として、

①豊耳《とよみみ》聡《と》聖徳《しょうとく》
②豊《とよ》聡《と》耳法大王《みみののりのおおきみ》
③法主王《のりのうしのおおきみ》

といった名をあげている。さらに、「是の皇子、初め上宮《かみつみや》に居《まし》しき。後に斑鳩《いかるが》に移りたまふ。豊御食炊屋姫《とよみけかしきやひめ》天皇の世にして、東宮《みこのみや》に位居す。万機を総摂《ふさねかわ》りて、天皇事したまふ。語は豊御食炊屋姫天皇の紀《みまき》に見ゆ」とも記している。

この用明天皇の条をみるだけでも、『古事記』と『日本書紀』とでは聖徳太子の記述がまったく違うことは明らかである。次いで、『日本書紀』の崇峻天皇の部分をみると、即位前紀秋七月条に聖徳太子が登場する。この条は、いわゆる蘇我《そが》・物部《もののべ》戦争を記した部分である。これによって、物部氏が没落するわけであるが、十四歳であった聖徳太子にとっても大きな意味をもった戦争であった。というのは、戦況は太子が加わっていた蘇我馬子軍が物部守屋軍を攻めていたが、守屋の抵抗も激しく、馬子軍も攻めあぐねていた。このとき太子は、白膠木《ぬりで》を切りとり、それで四天王像を造って、

今、若し我をして敵に勝たしめたまはば、必ず護世四王の奉為《みため》に寺塔を起《た》てむ

と誓ったとされる。そのかいあって蘇我軍は勝利を得ることができた。現在、大阪市にある四天王寺は、この時の誓いによって建立された寺院といわれている。

推古天皇の時代になると、さらに、聖徳太子の記事があちこちにみられるようになる。順を追ってみていくことにしよう。

推古天皇元年（五九三）四月十日条には、太子を皇太子にするという記事がみられる。また、厩戸皇子という名前の由来について、母の穴穂部間人后がちょうど出産の日に役所を巡察していたさい、「馬官《うまのつかさ》」のところで厩《うまや》の戸に当って、それがきっかけとなり太子が生まれたと記しており、さらに、

生《あ》れましながら能《よ》く言《ものい》ふ。聖の智《さとり》有り。壮《おとこさかり》に及びて、一に十人の訴を聞きたまひて、失《あやま》ちたまはずして能《よ》く弁《わきま》えたまふ。

とあって、聡明ぶりを強調している。父の用明天皇も、ことのほか太子を愛し、宮の南の上段の地に住まわせたので、上宮厩戸豊聡耳太子とよばれたという。よく知られたエピソードではあるが、事実としてはにわかに信じ難く、『日本書紀』の文飾と考える方が良いように思われる。

推古天皇三年（五九五）五月十日には、太子の師となる高句麗僧の慧慈《えじ》が来朝して

いる。太子のもう一人の師となる百済僧の慧聡《えそう》もこの年に来朝している。二人の僧は共に「三宝《さんぽう》（仏・法・僧のこと）」の棟梁と称された高僧であり、中でも慧慈は、高句麗にもどったのちに太子の死去の知らせをきき、嘆き悲しんで翌年の太子の命日に死ぬことを誓って本当にその日に亡くなったというエピソードをもっている。

推古天皇九年（六〇一）春二月には、斑鳩宮の造営が記されている。

推古天皇十一年（六〇三）には、大夫を前にして、

我、尊き仏像有《たも》てり。誰か是の像を得て恭拝《いやびまつ》らむ。

といったところ、秦河勝《はたのかわかつ》が進み出て仏像を受け、山背《やましろ》に寺を建立したという。弥勒《みろく》の半跏思惟像《はんかしい》で知られる広隆寺《こうりゅうじ》（太秦寺《うずまさでら》・蜂岡寺《はちおか》）の縁起である。

推古天皇十二年（六〇四）四月三日には、憲法十七条の判定がみられる。

皇太子、親《みずか》ら肇《はじ》めて憲法十七条作りたまふ。

とあり、それに続けて「一に曰《い》はく、和《わ》なるを以《もっ》て貴しとし、忤《さか》ふること無きを宗《むね》とせよ……」以下の内容が記されている。この憲法十七条と並んで太子の仕事として有名な冠位十二階は、前年（六〇三）の十二月五日に制定されているが、実はここには太子の名は具体的に出てこない。憲法十七条が「皇太子、親ら」作ったとあるのと比較すると興味深いといえよう。

推古天皇十三年（六〇五）閏七月一日には、衣服制度の改革が記されている。具体的には諸王や諸臣に褶《ひらおび》の着用を命じている。これは隋の制度の導入であり、最初のファッションであると共に律令制度導入の一環でもある。

推古天皇十四年（六〇六）秋七月条をみると、

天皇、皇太子に請《ま》せて、勝鬘経《しょうまんぎょう》を講《と》かしめたまふ。三日に説き竟《を》えつ

とある。さらに、この年には、岡本宮でも法華経を説いており、天皇が大変、喜んで播磨国の水田百町を与えたとある。これは、『三経《さんぎょう》義疏《ぎしょ》』に関連した記事といえる。勝鬘経・唯摩《ゆいま》経・法華経を注釈した『三経義疏』は、現在では太子の業績ではおそら

くないとされているものの、一方では「法華経義疏」は太子の直筆本が残っているなどともいわれ、根強い太子撰述説もみられる。

推古天皇二十一年（六一三）二月一日条には、奇妙な話がみられる。この日、太子は片岡へ遊行した。そこで飢えた者と出会い、衣服と食物を与えた。翌日、使者を派遣してその飢えた者をみさせたところ、その者はすでに亡くなっていた。太子は悲しんで使者を埋葬して墓を造らせた。そして、数日ののち「先の日に道に臥して飢者《うえたるもの》、其れ凡人に非じ。必ず真人《ひじり》ならむ」といって、使者をつかわしたところ、墓には死体がなく、衣服のみがきちんとたたまれて棺の上に置かれていた。そこで太子は、その衣服をとりよせて以前のように着用したという。それをみて、時の人はとても不思議に思い、「聖の聖を知ること、其れ実なるかな」といって、太子をますます敬ったというのである。

推古天皇二十八年（六二〇）には、太子が蘇我馬子と共同で『天皇記』と『国記』を作ったとある。『天皇記』は乙巳の変のとき蘇我邸にあったため、邸宅の焼亡と共に失われてしまったとされる。その内容については、おそらくは天皇の歴代を記したものであったろうといわれている。『国記』も蘇我邸にあったが、邸宅が焼亡したとき一部分は持ち出されたといわれるものの残念ながら現存しない。その内容は国の歴史を記したものかといわれている。

推古天皇二十九年（六二一）二月五日条には、

半夜《よなか》に厩戸豊聡耳皇子命、斑鳩宮に薨《かむさ》りましぬ。

聖徳太子像（中央）

とあり、太子の死亡記事がみられ、磯長陵に葬られたことが記されている。そして、太子が亡くなったときの状況として、諸王・諸臣、そして庶民までもがみな嘆き悲しみ、年寄りはいとしい児を失ったように落胆して食物ものどを通らないありさまで、子供たちは慈父母を失ったかのようなショックであったという。そして、号泣する声は道路にみちあふれ、農夫は耕す気力を失い、米舂《つ》きの女性も仕事などできず、すべての人々が日・月が光を失い天地が崩れるようだと悲しみ、これからは誰を頼りに生きていったらよいのかわからないと嘆いたというのである。

『日本書紀』はこのように、あらんかぎりの嘆きぶりを記しているが、太子の没年は、推古天皇三十年（六二二）二月二十二日が正しいとされている。つまり、『日本書紀』は肝心の太子の没年を誤っているということになるのである。このように、聖徳太子を超人のように尊ぶ一方で、太子の没年を誤るということは、とりもなおさず『日本書紀』の編纂者たちも心から「聖徳太子」というスーパーヒーローを実在の人物と考えていたのか疑わしくなってこよう。むしろ、伝説の人といったとらえ方をしていたのではなかろうか。

◆参考文献

●『コンサイス日本人名事典』（三省堂）
●『山川日本史総合図録』（山川出版社）
●『詳説日本史』（山川出版社）
●『日本史年表・地図』児玉幸多編（吉川弘文館）
●『神々と古代史の謎を解く古事記と日本書紀』瀧音能之（青春出版社）

青春文庫

古事記《こじき》22の謎《なぞ》の収集《しゅうしゅう》

2012年 8 月20日 第1刷

著 者 瀧《たき》音《おと》能《よし》之《ゆき》

発行者 小澤源太郎

責任編集 株式会社プライム涌光

発行所 株式会社青春出版社

〒162-0056 東京都新宿区若松町 12-1
電話 03-3203-2850(編集部)
03-3207-1916(営業部)
振替番号 00190-7-98602

印刷/大日本印刷
製本/ナショナル製本
ISBN 978-4-413-09550-1